Die besten Wildrezepte

Anne's Küchenbibliothek

DIE BESTEN WILD-REZEPTE

Zusammengestellt
von Anne Hartgering

Landwirtschaftsverlag GmbH
Münster-Hiltrup

Landwirtschaftsverlag GmbH, 48084 Münster

4. Auflage

Umschlag und Illustration: Thea Ross, Grafik + Design, Münster

Gesamtherstellung: LV Druck im Landwirtschaftsverlag GmbH

Gedruckt auf chlorfrei gebleichtem Papier

Printed in Germany

ISBN 3-7843-2772-9

Inhaltsverzeichnis

Feinschmecker lieben Wild

„Sage mir, was du ißt, und ich sage dir, was du bist." Sicherlich kennen Sie, liebe Leserin und lieber Leser, diesen Spruch, der in abgewandelter Form ja auch fürs Leben gilt.
Wenn's ums Essen geht und von Wild die Rede ist, dann ist die Schlußfolgerung eindeutig: Es muß sich um einen Feinschmecker handeln.

Was der Spargel beim Gemüse, das ist Wild nämlich unter den Fleischarten: Die Krönung des Genusses! Mit dem fein-aromatischen Geschmack des fettarmen, leicht bekömmlichen Wildbrets können Rind, Schwein, Geflügel oder Fisch nun mal nicht konkurrieren. Schon beim Gedanken an einen saftigen Rehrücken, eine pikante Wildschweinkeule oder ein zartes Hasenfilet läuft einem Feinschmecker das Wasser im Munde zusammen. Dafür läßt er gern jedes Steak und Kotelett, einen Sauerbraten oder Rouladen stehen.

Doch was sind schon altbekannte Gerichte wie Rehrücken, Wildschwein- oder Hasenbraten, Fasan im Speckhemd oder gefüllte Taube gegen die Delikatessen, die Sie im Rezeptteil dieses Buches finden? Da staunen nicht nur Feinschmecker, welche Köstlichkeiten sich aus Wild zaubern lassen. Das beginnt beim Wildschwein in der Schwarzbrotsuhle und Rehrückenstrudel, geht über Beschwipstes Hirschragout, Flambierte Hasenkeulen und Rebhuhntoast bis hin zu Chinesischer Taubensuppe, Wildsalat mit Honigmelone und Ananas, Jagdfondue „Hubertus", Kastanienpüree und Teutonenreis. Da bekommen auch bisherige Wildabstinenzler Lust zum Ausprobieren, oder?!

Schiffbruch werden Sie dabei nicht erleiden. Denn die Rezepte sind erprobt und gelobt. Sie stammen von Leserinnen und Lesern des Landwirtschaftlichen Wochenblattes Westfalen-Lippe und der Monatszeitung „Rheinisch-Westfälischer Jäger", die beide im Landwirtschaftsverlag Hiltrup erscheinen.

Gemeinsam riefen die zwei Zeitschriften im Winter 1987/88 zum Rezeptwettbewerb „Wild" auf und landeten einen Volltreffer. Nur vom Feinsten waren die 985 Vorschläge, die in den Redaktionen eintrudelten. Da waren offensichtlich wahre Feinschmecker und Hobbyköche bzw. -köchinnen am Werk! Wir danken an dieser Stelle nochmals allen ganz herzlich, daß Sie uns Ihre bisher gut gehüteten Küchengeheimnisse zur Verfügung gestellt haben.

Das Beste aus dieser Vielfalt haben wir für Sie ausgesucht und in diesem Buch zusammengefaßt. Da finden Sie mehr als in Standardkochbüchern, „wo immer nur dieselben Vorschläge auftauchen", wie eine passionierte Jägerin meint. Der Vorteil dieser Rezeptsammlung ist eben, daß Wildliebhaber ihre besten selbsterprobten Vorschläge für die Wildverwertung ausgesucht und nur das empfohlen haben, was bei der Familie und den Gästen viel Anklang findet. Diese Auswahl hat es in sich! Sie bietet für jeden Geschmack und jeden Anlaß das Richtige. Das reicht vom Festtagsbraten bis zur Resteverwertung.

Ergänzt haben wir die Wildrezepte mit Vorschlägen für pikante Beilagen und Soßen. Wenn Sie mehr Rezepte dieser Art suchen oder Wild verwursten möchten, empfehlen wir Ihnen folgende Bände aus der Serie „Anne's Küchenbibliothek":

1. Die besten Gemüseklassiker
2. Gemüse, die nicht jeder kennt (einstige Exoten)
3. Die besten Obstrezepte
4. Die besten Schlachtrezepte.

In allen Bänden finden Sie Vorschläge aus der Praxis für die Praxis, ergänzt – wie in diesem Buch – mit vielen Tips zum jeweiligen Thema. Da ist der Erfolg schon fast vorprogrammiert, und das Kochen macht noch mehr Spaß – vom Essen ganz zu schweigen.

In diesem Sinne empfehlen wir Ihnen, das eine oder andere bald mal auszuprobieren. Wir wünschen Ihnen dabei gutes Gelingen und guten Appetit. Waidmannsheil!

Anne Hartgering

Wild ist was Besonderes

Das, was für unsere Ahnen in grauer Vorzeit das Hauptnahrungsmittel war, ist für uns zu einer echten Rarität geworden: Wild spielt in der heute üblichen Ernährung (leider!) nur eine ganz kleine Rolle. Nicht mal 1 kg verzehrt Otto Normalverbraucher, der statistische deutsche Durchschnittsbürger, pro Jahr davon. Und diese Menge entfällt zu 90 Prozent auf Haarwild (Reh-, Rot-, Schwarzwild, Hase, Kaninchen), so daß Wildgeflügel so gut wie gar nicht auf den Tisch kommt. Man kann es kaum glauben!

Wild steht damit im krassen Gegensatz zum sonstigen Fleischverzehr. Da wird nämlich mit 90 kg pro Kopf und Jahr ganz schön kräftig zugelangt. Das gilt speziell für Schweinefleisch und Rindfleisch.

Zu viele Vorurteile

Daß Wild an dem insgesamt mehr als üppigen Fleischkonsum einen so geringen Anteil hat, liegt in der Natur der Sache. Es gibt eben sehr viele Leute, die überhaupt kein Wild essen. Diese Ablehnung hat verschiedene Ursachen:

- Es fehlt an der Verfügbarkeit. Schließlich ist nicht jeder Jäger!
- Gekauftes Wildbret ist sehr teuer. Deshalb greift man lieber zu Schweinekoteletts als zu einem Rehrücken.
- Man hat falsche Vorstellungen vom Geschmack (Stichwort: Hautgout, der von vielen Leuten mit ekelerregend gleichgesetzt wird).
- Oder es gibt ganz einfach weltanschauliche Gründe dafür, daß kein Wild gegessen wird.

Daß so viele Leute auf Wild verzichten, hat also damit zu tun, daß sie zu viele Vorurteile gegenüber diesem Fleisch haben und/oder auch zu wenig über die Zubereitung wissen. Dem wollen wir abhelfen! Bevor wir uns mit dem Thema „Wild in der Küche" beschäftigen, wollen wir auf die Besonderheiten des Wildbrets eingehen, seine Vorzüge erklären und die Unterschiede zwischen den einzelnen Wildarten beschreiben. Auch wenn Sie Jäger/in und/oder begeisterte(r) Wildliebhaber/in sind, werden Sie hier vielleicht noch manches erfahren, was Ihnen bisher nicht so geläufig war.

Wild ist kalorienarm und gesund

Was für den Verzehr von Wild spricht, ist neben dem besonders feinen Geschmack des Fleisches seine Nährstoffzusammensetzung. Hervorzuheben ist dabei vor allem der geringe Fettgehalt. Er schwankt je nach Wildart zwischen ein und drei Prozent (siehe Nährwerttabelle) und beträgt damit nur ein Bruchteil dessen, was im Schweinefleisch und Rindfleisch steckt.

Aufgrund seines geringen Fettgehaltes liefert Wild natürlich auch weniger Kalorien. Daß das so ist, hängt damit zusammen, daß Wild eben nicht wie Schlachttiere gemästet wird, sondern viel Bewegung hat und sich anders ernährt. Da können keine dicken Fettpolster entstehen.

Und wenn es zur Fettbildung kommt, dann verteilt sich dieses Fett nicht im Fleisch (wie bei Schweinen und Rindern), sondern es setzt sich unter der Haut (Decke oder Balg) oder rund um die Organe ab. Das hat den Vorteil: Man kann es in der Küche einfach entfernen. Das Fleisch bleibt fettarm.

Reich ist Wildbret dagegen an Eiweiß und Mineralstoffen. Zu nennen sind hier vor allem Eisen (blutbildend), Kalzium und Phosphor (beide sind nötig für die Knochen). Auch B-Vitamine (gut für Nerven und Stoffwechsel) gehören zu den wertvollen Inhaltsstoffen des Wildbrets.

Das bedeutet: Das Fleisch wildlebener Tiere erfüllt genau die Anforderungen, die an eine gesunde Ernährung gestellt werden. Weil es fettarm, aber eiweißreich ist, ist Wild einerseits allen Leuten zu empfehlen, die auf ihre schlanke Linie achten. Andererseits eignet es sich – speziell wenn es von Jungtieren stammt – auch vorzüglich für jede Schonkost und Diät. Ein Vorteil, der in der Praxis viel zu wenig genutzt wird!

Wegen all dieser Vorzüge sollte Wild nicht nur zu Festtagen auf dem Speiseplan stehen. Schließlich kann man es nicht nur zum Braten verwenden, sondern von der Suppe über den Salat und das Ragout bis hin zum Fondue und Auflauf, wie Ihnen der Rezeptteil zeigt.

Wild schmeckt nicht immer gleich

Daß Wildbret so besonders fein und aromatisch schmeckt, hängt nicht nur von der Nährstoffzusammensetzung ab. Ausschlaggebend dafür sind vielmehr die Lebensweise des Wildes, Art und Alter der Tiere sowie verschiedene Faktoren vor und nach dem Tod.

Ganz großen Einfluß auf Geschmack und Qualität des Fleisches hat das vielfältige Nahrungsangebot in der freien Natur. Dafür ein paar Beispiele:

- Im Mai/Juni ist das Fleisch eines Rehbockes würziger als im Spätsommer.
- Im November/Dezember ist das Fleisch von Rehwild am saftigsten.
- Ein Wildschwein, das sich im Spätherbst und Winter von reichlich Eicheln und Bucheckern ernährt, schmeckt kräftiger und besser, als wenn es im September fast nur von Mais lebt.
- Bei Fasanen dagegen führt viel Mais im Futter zu schön saftigem Fleisch. Doch das allein reicht nicht. Auch die Bewegung macht's. Selbst bei optimaler Fütterung schmecken im Käfig aufgezogene Fasanen deshalb wie Hühner.
- Bei Wildenten hängt der Fleischgeschmack sehr stark von dem Gewässer ab, in dem sie gründeln. Stark verunreinigte und/oder mit chemischen Abfällen belastete Gewässer geben dem Entenfleisch einen tranigen Geschmack.
- Waldhasen schmecken feiner als Feldhasen.
- In der Regel ist Wild im Winter schmackhafter als im Sommer.

Diese Geschmacksnuancen wissen Wildliebhaber nun mal zu schätzen und zu nutzen!

Jung und zart

Neben dem Lebensraum und dem jahreszeitlich bedingten Nahrungsangebot spielt natürlich das Alter des Wildes eine große Rolle beim Geschmack. Generell gilt: Junge Tiere schmecken besser als ältere.

Bei Reh-, Rot- und Damwild zum Beispiel ist das Fleisch bis zu drei Jahren zart und köstlich, später wird es zunehmend zäh und grobfaserig. Bei Schwarzwild gilt das bis zum zweiten Lebensjahr. Hasen sind besonders wohlschmeckend, wenn sie zwischen drei und acht Monate alt sind.

Soweit, so gut. Aber woran erkennt man nun, ob man junges oder altes Wild vor sich hat? Auch wenn man keine Jägerausbildung absolviert hat, ist die Sache ganz einfach. Denn es gibt einige Merkmale, die untrüglich und deshalb eine leichte Orientierung für die Altersbestimmung sind.

Während Fachleute das Alter am Gebiß, an Körpergröße, Körperbau, Gewicht, Zeichnung und Färbung des Haarkleides erkennen und bei männlichem Reh-, Rot- und Damwild aus Form und Entwicklung des

Gehörnes bzw. Geweihes Rückschlüsse auf den Jahrgang ziehen, sind für den Laien folgende Kriterien interessant:

- Das Fleisch junger Tiere ist rotbraun bis schwarzbraun (je nach Tierart), fest und zart in der Faser. Bei älteren Tieren ist es dunkler und grober strukturiert.

  Nur das Kaninchen hat weißes bis grau-rötliches Fleisch.
- Junge Hasen und Kaninchen erkennt man an dem Flaum am Bauch und an den noch dicken Gelenken.

  Der junge Hase unterscheidet sich vom alten ferner dadurch, daß sich der äußere Rand der Löffel leicht einreißen läßt. Außerdem weichen beim Junior beim Zusammendrücken der Unterkieferäste die beiden mittleren Schneidezähne fast fingerbreit auseinander. Und beim Griff in die Seher lassen sich beim jungen Hasen die weit über die Augenhöhle vorspringenden Flügelfortsätze der Stirnbeine (die „Augendorne“) leicht zusammendrücken, beim alten nicht.
- Junge Rebhühner haben gelbe Ständer (Beine), spitz zulaufende Handschwingen und eine biegsame Brustbeinspitze. Bei älteren Rebhühnern dagegen sind die Ständer grau und die Handschwingen abgerundet.
- Fasanenhähne tragen an der hinteren Ständerfläche einen Sporn, der bei jungen Tieren stumpf und kegelförmig ist, bei älteren lang und spitz. Hennen haben anstelle des Sporns eine Warze, die bei älteren spornartig verlängert sein kann.

  Bei jungen Fasanen sind die beiden äußeren Flügelfedern spitz, im Alter sind sie rund.
- Bei jungen Wildenten läßt sich die Luftröhre vor dem Brusteingang leicht eindrücken, bei älteren nicht. Junge Enten haben dunkle Latschen (Ruder) von grau-grünlicher Farbe, die mit zunehmendem Alter in ein helles Gelb und vom zweiten Jahr an in Orangerot übergeht. Junge Enten haben außerdem einen rötlichen Schnabel, ältere einen grünlich-gelben (Erpel) bzw. einen grau-grünen (Ente).
- Junge Tauben haben einen kleinen Kopf, ein leicht eindrückbares Brustbein und kleine Flaumfedern zwischen den großen Federn.

Vorsicht: Brunft!

Neben dem Alter und der Lebensweise gibt es noch einen ganz wichtigen Faktor für Geschmack und Qualität des Wildbrets. Das ist die Brunft. Wild, das während der Paarungszeit erlegt wird, hat einen starken arttypischen Geschlechtsgeruch und schmeckt zum Teil nach Urin. Das gilt insbesondere für männliche Tiere. Beim Rehbock ist das im Juli/August nicht ganz so extrem ausgeprägt wie beim Hirsch im September/Oktober oder beim Keiler im Dezember/Januar.

Nun läßt es sich aber nicht immer vermeiden, ein männliches Stück in der Brunftzeit zu schießen. Was dann? Was macht man in solchen Fällen mit dem nicht angenehm riechenden und schmeckenden Wildbret? Kann man es verwerten? Man kann! Und zwar so: Das erlegte Stück wird möglichst schnell aus der Decke geschlagen oder abgeschwartet und zerwirkt. Entfernen Sie sorgfältig alles sichtbare Fett, weil sich besonders hier die geschlechtsspezifischen Aroma- und Duftstoffe befinden. Dann wird das Wildbret mindestens 48 Stunden luftig und kühl gelagert und anschließend eingefroren. Die Tiefkühllagerung (je niedriger die Temperatur, desto besser) mindert im Laufe der Wochen den noch verbliebenen Brunftgeschmack. Das gilt allerdings nicht für den Keiler!

Was dann immer noch an unerwünschten Geschmacksstoffen bleibt, überdeckt man mit einer Beize oder einer kräftigen Würzung. Genauso wirkungsvoll ist es, das aufgetaute Wild durchzubraten, abkühlen zu lassen und anschließend offen in den Keller zu stellen. Auch dabei „verduften" letzte Reste von Brunftgeschmack und -geruch.

Der Streß beim Tod

Das ist nun noch nicht alles, was die Qualität des Wildfleisches beeinflussen kann. Neben den genannten Faktoren (Lebensweise, Alter, Brunft) spielt auch der Streß beim Tod eine entscheidende Rolle. Beim Schuß entscheidet sich oft schon, ob das Fleisch später zart und mürbe oder zäh auf den Tisch kommt.

Das hängt mit der Fleischreifung zusammen. Sie verläuft optimal, wenn das Wild gleich nach dem Schuß stirbt, kräftig ausblutet und fachmännisch aufgebrochen wird.

Ganz anders sieht die Sache aus, wenn das Wild nicht sofort getötet wird und mit Waidwundschuß noch stundenlang durchs Revier flüchtet. In dieser Streß-Situation wird viel Adrenalin ausgeschüttet, das die Fleischreifung beeinträchtigt. Die Folge: Das Wildbret bleibt zäh. Hinzu kommt, daß durch die mangelhafte Fleischreifung nach Streß Bakterien im Innern des Tieres nicht abgetötet werden. Das gilt zum Beispiel für Hasen bei der Treibjagd. Deshalb darf solches Wild nie rosa gebraten serviert werden. Es muß unbedingt durchgebraten werden!

Die Sache mit der Fleischreifung

Wie Schlachttiere kann auch getötetes Wild nicht gleich verwertet werden. Es muß erst die Totenstarre durchlaufen. Sie setzt wenige Stunden nach dem Erlegen ein und ist das äußere Zeichen der Fleischreifung. Dabei wird Glykogen, die tierische Stärke, in Milchsäure umgewandelt. Dadurch wird das Fleisch gelockert und mürbe.

Abgeschlossen ist diese Fleischreifung mit dem Ende der Totenstarre. Das ist nach 72 bis 96 Stunden der Fall, also nach drei bis vier Tagen. Solange muß das Wildbret abhängen.

Bloß kein Hautgout!

Natürlich können Sie es auch länger abhängen lassen. Das verbessert dann aber nicht mehr die Zartheit des Fleisches. Längeres Abhängen hat lediglich Einfluß auf den Geruch und Geschmack. Es entsteht dann der vielzitierte Hautgout, den viele Leute für das typische Wildaroma halten. Kein Wunder, daß sie sich bei solchen Vorurteilen nicht für den Wildgenuß begeistern können!

Mit dem Hautgout ist es so: Je länger das Wildbret abhängt, desto mehr geht es in Zersetzung über, was an der schmierig-grünlichen Oberfläche zu erkennen ist. Dieser Vorgang macht das Fleisch zwar auch mürbe. Aber durch die Zersetzung beginnt das Fleisch, einen unangenehm-fauligen Geruch und Geschmack anzunehmen. Das muß bzw. sollte nicht sein! Damit machen Sie mehr kaputt als gut. Betrachten Sie den Hautgout als ein Relikt aus alten Zeiten, als man noch keine Gefriertruhe kannte und das Wild einfach abhängend aufbewahren mußte. Das war ein unabänderliches Übel, aber nicht das Nonplusultra.

Weil das Wildbret dabei immer intensiver und schlechter wurde in Geschmack und Geruch, kamen unsere Vorfahren übrigens auf den Trick mit der Beize. Mit Milch, Wein, Essig und Kräutern versuchten sie, das Faulige aus dem Fleisch zu ziehen. Auch die hocharomatische, herbe Preiselbeere als Beigabe zu gegartem Wild hatte ursprünglich die Aufgabe, den Hautgout zu mildern und das Wildbret „genießbar" zu machen.

Kurzum: Der strenge Hautgout gefiel schon in früheren Zeiten nicht. Wie gut, daß wir heute dank moderner Konservierungstechnik darauf verzichten können!

Das Typische der einzelnen Wildarten

Bevor wir weiter auf die Wildbehandlung eingehen und das Halali in der Küche anblasen, wollen wir kurz das Besondere der einzelnen Wildarten, die in unseren Breiten bejagt werden, aus Sicht der Hausfrau bzw. des Koches darstellen.

Rehwild ist in Deutschland am stärksten vertreten und kommt deshalb häufiger auf den Tisch als andere Wildarten. Am besten schmecken Rücken und Keulen. Aber auch Blätter und Bauchlappen lassen sich zu schmackhaften Gerichten verarbeiten. Als Delikatesse gilt Rehleber. Junges Rehfleisch schmeckt so zart und fein, daß Sie es nicht marinieren sollten. Lediglich älteres Wildbret wird durch Einlegen in Beize wohlschmeckender.

Rotwild ist in jungem Zustand geschmacklich dem des Rehwildes gleichzusetzen. Ältere Tiere, insbesondere Hirsche, schmecken strenger. Solches Wildbret sollte gebeizt werden. Verwenden Sie in der Brunftzeit möglichst keine Hirschleber.

Verwertet wird Rotwild ansonsten wie Rehwild. Zu beachten ist allerdings, daß die Stücke größer sind und ein Braten für mehr Leute reicht. Eine Hirschkeule wiegt 20 bis 25 Pfund und sättigt 36 bis 40 Personen, bei der Rehkeule sind es 4 bis 5 Pfund, die 6 bis 8 Personen genügen.

Damwild ist zarter und fetter als Rotwild. Es ähnelt Rehwild weniger, wird aber wie dieses zubereitet. Besonders fein im Geschmack ist Wildbret von jungen Tieren.

Schwarzwild wird wie Reh-, Hirsch- oder Schweinefleisch zubereitet. Am beliebtesten ist junges Schwarzwild, weil es die geschmacklichen Vorzüge von Schweinefleisch und Wild in sich vereint.

Schwarzwild schmeckt würzig und ist leicht verdaulich. Nur älteres Wild ist zäh. Es wird durch eine Beize schmackhafter gemacht. Wichtig ist bei älteren Stücken, daß die dicke Schwarte und Speckschicht entfernt werden. Bei Frischlingen und Überläufern dagegen ist die Haut zart und kann dranbleiben. Besonders zu empfehlen sind ganze Frischlinge am Spieß gebraten und geräucherter Wildschweinschinken.

Hasen liefern je nach Alter und Lebensraum sehr unterschiedliche Fleischqualitäten. An zartesten und wohlschmeckendsten sind sie im Alter von drei bis acht Monaten. Ältere Hasen werden durch Einlegen in Beize schmackhafter.

Vorsicht mit dem Fett des Hasen: Es entwickelt bei längerer Lagerung oder bei Temperaturen über 15°C einen unangenehmen ranzigen Geruch.

Wildkaninchen sind im Fleisch heller als Hasen. Sie schmecken herber und pikanter als Stallkaninchen, aber leicht-süßlich. Durch Einlegen in Essigbeize läßt sich dieser Geschmack verändern. Das Fett des Wildkaninchens weist im Gegensatz zu dem des Hasen keine Besonderheiten auf.

Fasan gilt als Delikatesse unter den Wildgeflügelarten. Besonders zart und fein ist der Geschmack, wenn man ihn im Federkleid fünf bis zehn Tage an einem kühlen luftigen Ort abhängen läßt. Junge Tiere sind besser als ältere. Das Fleisch der Henne ist zarter als das des Hahns. Junge Tiere werden im Ganzen mit Speck bedeckt gebraten, ältere gern zu Pasteten und als Ragout (Salmi) verwendet.

Rebhuhn ist etwas kleiner, hat aber ansonsten viel mit dem Fasan gemeinsam und wird auch so zubereitet. Feinschmecker bevorzugen die Henne, weil ihr Fleisch etwas fetter ist.

Schnepfe wird wie Rebhuhn und Fasan behandelt. Der Zugvogel ist im Herbst schmackhafter als im Frühling. Als große Delikatesse schätzen Feinschmecker den Schnepfendreck. Das sind die gebratenen Eingeweide. Im Rezeptteil erfahren Sie, wie sie als Köstlichkeit zubereitet werden.

Wildente hat oft einen tranigen Beigeschmack. Das gilt speziell für Tauchenten. Um hier Abhilfe zu schaffen, empfiehlt es sich, die Haut abzuziehen und das Fett sorgfältig zu entfernen. Junge Enten werden gebraten, ältere Tiere zu Terrinen, Ragouts, Farcen und Suppen verarbeitet.

Wildtaube kommt nur in jungem Zustand für die feine Küche in Betracht. Sie wird wie Rebhuhn gebraten, gekocht oder als Suppe serviert.

Halali in der Küche

So edel Wild auch ist, so garantiert es doch keineswegs von Natur aus, daß es als Delikatesse auf den Tisch kommt. Um das zu erreichen, bedarf es einer besonders sorgfältigen Behandlung des erlegten Stückes und diverser Zubereitungstricks. Also auf zum Halali in der Küche!

Wir wollen an dieser Stelle darauf verzichten, das Aufbrechen eines Stückes Schalenwild, das Auswerfen eines Hasen bzw. Kaninchens oder das Aushakeln von Federwild zu beschreiben. Denn wer das Tier erlegt, hat das ja schließlich in der Jägerausbildung gelernt!

Hinzuweisen bleibt lediglich darauf, daß diese Versorgung möglichst schnell und sauber zu geschehen hat und anschließend für eine rasche Aus- und Abkühlung des Wildbrets zu sorgen ist. Sonst verhitzt es. Und das wiederum führt zu einer erheblichen Qualitätsminderung. Dazu ein Beispiel: Die Magen-Darm-Barriere (sie verhindert, daß Bakterien aus dem Magen-Darm-Kanal ins Fleisch eindringen) bricht 30 Minuten nach dem Tod zusammen. Dann gelangen auch für den Menschen gesundheitsschädliche Keime ins Fleisch und vermehren sich dort um so schneller, je wärmer das Wildbret gelagert wird.

Genauso wichtig für hygienisch einwandfreies Wildbret ist peinlichste Sorgfalt beim Aus-der-Decke-Schlagen (Reh-, Rot-, Damwild), Abschwarten (Schwarzwild), Abbalgen (Hase, Kaninchen) und Rupfen bzw. Häuten (Wildgeflügel) sowie beim Zerwirken des Wildbrets. Auch hier wollen wir die Technik der Arbeit nicht beschreiben. Denn wer zur Jagd geht, beherrscht sie. Und wer nur als Feinschmecker Wildliebhaber ist und wenig Ahnung von diesen Dingen hat, wird sich zum Beispiel wohl keinen

Hasen im Fell kaufen, sondern lieber das küchenfertige Wildbret.

Warum das Wild erst nach ausreichendem Abhängen zerwirkt und verarbeitet werden darf, haben wir Ihnen im vorangehenden Kapitel geschildert. Auch das müssen Sie beherzigen, wenn Sie einen saftigen Braten auf den Tisch bringen wollen.

Was sich wozu eignet

Liegt das zerwirkte Stück Wild dann endlich in der Küche, fragt sich, was sich wozu eignet.

Beim Schalenwild (Reh-, Rot-, Dam-, Schwarzwild) ist es so:

1. Der Hals (Träger) wird geschmort oder zu Gulasch und Ragout verarbeitet.

2. Die Blätter werden gekocht, gebraten, geschmort, als Rollbraten oder Ragout verwertet.

3. Die Bauchlappen eignen sich zum Braten und Schmoren, zu Ragout und Rollbraten.

4. Der Rücken (Ziemer) wird im Ganzen gebraten oder geschmort. Oder man zerteilt ihn in Koteletts und Filets, die kurzgebraten werden.

5. Die wertvollsten Braten liefern die Keulen. Man zerteilt sie in einzelne Stücke oder schneidet daraus Schnitzel und Rouladen. Man kann die Keule (auch wie Schinken vom Schwein) räuchern. Das gilt speziell fürs Wildschwein.

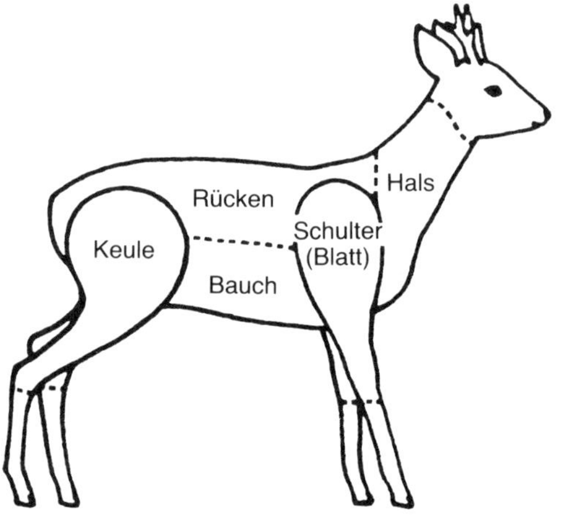

So wird Reh-, Rot-, Dam- und Schwarzwild zerteilt.

Hase und Kaninchen werden so zerwirkt:

1. Kopf, Hals, Vorderläufe und Schultern
Diese Kleinteile sind Kochstücke für Ragouts, Hasenpfeffer und Farcen.

2. Bauchlappen
Verwertung wie unter Punkt 1 angegeben.

3. Rücken
Er wird gebraten oder geschmort. Oder man schneidet daraus Filets zum Kurzbraten.

4. Schlegel (Keulen)
Sie sind ideal zum Braten und Schmoren.

Junge Hasen und Kaninchen werden gerne im Ganzen gebraten. Das gilt auch für Wildgeflügel.

Wenn Sie den Hasen im Ganzen braten, bedenken Sie, daß der Rücken eine kürzere Garzeit hat. Er wird deshalb 30 Minuten mit Alufolie abgedeckt.

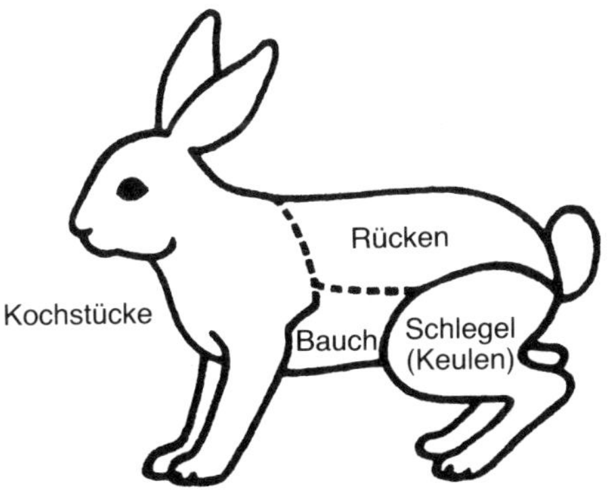

So werden
Hase und Kaninchen
zerteilt.

Bitte beachten:
Wildbret soll – so sagen die Kenner – nicht mit Wasser in Berührung kommen, sondern nur trocken ausgewischt werden. Aus Sicht der Hygiene kann das aber nicht so ohne weiteres empfohlen werden. Wenigstens sollten Sie das Wildbret mit einem feuchten Tuch aus- bzw. abwischen. Um unangenehmen Geruch zu entfernen, kann man es auch mit einer rohen Kartoffel oder mit einem essiggetränkten Tuch abreiben.

Ganze Hasen sowie die Keulen von Reh, Hirsch und Wildschwein müssen vor der Zubereitung enthäutet werden. Mit einem langen spitzen Messer wird die sehnige Haut entfernt. Passiert das nicht, wird der Braten von der straffen Haut zusammengezogen. Außerdem wird er nicht schön braun.

Beim Beizen scheiden sich die Geister

Ob das Wild dann gleich in den Braten- oder Kochtopf kommt, ist eine Frage, an der sich die Geister scheiden. Die einen schwören auf die Beize. Andere verzichten darauf mit dem Argument, sie beeinträchtige den feinen arttypischen Wildgeschmack. Letztere haben nicht ganz unrecht.

Denn mit der Beize ist es so: Sie stammt aus der Zeit, als es noch keine Konservierungsmöglichkeiten gab und man das erlegte Wild sehr lange abhängen ließ. Dabei entwickelte sich ein starker, um nicht zu sagen extremer Hautgout, der mit dem Trick Beize übertüncht werden sollte.

Hintergrund der ganzen Geschichte ist also eigentlich die Geschmacksveränderung bzw. -verbesserung. Aber wer heute sein Wild beizt, hat das meist weniger im Visier als die Tatsache, daß die Beize das Wildbret mürbe macht.

Aber: Schön mürbe wird das Fleisch nicht nur durch die Beize. Ausreichendes Abhängen mit abgeschlossener Fleischreifung erzielt den gleichen Effekt (siehe vorangehendes Kapitel)! Anders herum gesagt: Nur bei frischem, wenig abgehangenem Wild empfiehlt sich die Beize.

Wild muß also nicht gebeizt werden. Vor allem bei jungen Tieren sollten Sie darauf verzichten und auch bei eingefrorenem Wildbret. Es ist schon mürbe genug.

Wenn Sie sich dennoch für die Beize entscheiden (weil Sie das Wildbret dadurch schneller mürbe machen können), haben Sie die Wahl zwischen drei verschiedenen Marinaden, nämlich auf Rotwein-, Weißwein- oder Milchbasis. Man kann auch eine Essigbeize nehmen (wie zum Beispiel für Sauerbraten vom Rind). Aber ideal ist sie nicht, weil sie das Wildbret stark auslaugt und den Geschmack negativ beeinflußt. Deswegen verzichten wir darauf, Ihnen dafür ein Rezept zu geben und erklären Ihnen nur, wie die drei anderen Marinaden bzw. Beizen hergestellt werden:

1. Rotweinbeize

1 l Rotwein,
2 große Zwiebeln,
1 Möhre, 1 Lorbeerblatt,
1 Nelke, 2 zerstoßene Pfefferkörner,
1 Teel. Rosmarin,
1 Eßl. zerdrückte Wacholderbeeren,
½ Teel. Basilikum,
1 Teel. Zucker.

Zwiebeln und Möhre in Scheiben schneiden. Mit Lorbeerblatt in etwas Rotwein aufkochen. Restlichen Rotwein und Gewürze dazugeben. Abkühlen lassen und dann das Fleisch hineinlegen.

2. Weißweinbeize

½ l Weißwein,
¼ l Essig,
1 Eßl. Öl,
75 g Möhren,
75 g Zwiebeln,
20 g Sellerieknolle,
½ Petersilienwurzel,
2 Lorbeerblätter,
2 Nelken,
10 g Rosmarin,
10 zerdrückte Pfefferkörner.

Wein mit Essig und Öl verrühren. Das zerkleinerte Gemüse und die Gewürze dazugeben. Den Sud 30 Minuten kochen lassen. Das Fleisch wird eingelegt, wenn die Beize erkaltet ist.

3. Buttermilchbeize

Buttermilch nach Bedarf,
2 Zwiebeln,
1 Knoblauchzehe,
3 Pimentkörner
3 Pfefferkörner,
1 Nelke,
1 Lorbeerblatt.
Oder: Buttermilch,
1 Zwiebel,
1 Teel. Salz,
2 Lorbeerblätter,
4 Pfefferkörner,
6 Wacholderbeeren.

Zwiebeln in Ringe schneiden. In eine Schüssel legen. Darauf kommt das Fleisch, darüber die Gewürze. Mit Buttermilch übergießen, so daß das Fleisch ganz bedeckt ist.

Tip: Wenn Sie das Fleisch länger als 3 Tage beizen wollen, muß die Buttermilch unbedingt erneuert werden.

Statt Buttermilch können Sie auch Voll- oder Magermilch nehmen. Egal, für welche Milch Sie sich entscheiden: Eine Milchmarinade macht das Wildbret besonders mild im Geschmack.

Wichtig sind bei jeder Beize die Gewürze. Neben den genannten können Sie auch Majoran und Thymian verwenden, ferner Suppengrün. Auch Alkohol (zum Beispiel Kognak) verfeinert die Marinade. Aber nehmen Sie nicht zu viele Gewürze. Beschränken Sie sich auf drei oder vier. Sie wissen doch: Weniger ist oft mehr!

Man kann das Wildbret in diesen Beizen an einem kühlen Ort einige Stunden oder auch bis vier Tage marinieren. Je länger es eingelegt wird, desto öfter muß es gewendet werden. Nach der Beize wird das Fleisch gut abgetropft und abgetrocknet.

Während das Einlegen in eine Marinade als Naßbeize bezeichnet wird, gibt es auch noch die Trockenbeize. Dabei bestreicht man das Fleisch mit Öl und grob zerstoßenen Gewürzen oder gehackten Kräutern. Zu empfehlen ist die Trockenbeize nur bei Kurzbratstücken und Grillgut.

Pro und contra Spicken

Wie das Beizen so ist auch das althergebrachte Spicken nicht unbedingt eine Verbesserung für den Wildbraten. Denn es zerstört die Fleischfasern und läßt zuviel Fleischsaft austreten.

Für diejenigen, die das Spicken nicht kennen, sei's kurz erklärt: Man schneidet tiefgekühlten und dadurch steifen rohen oder geräucherten Speck in ganz feine Streifen und zieht sie mit einer Spicknadel im Abstand von 1,5 bis 3 cm (je nach Bratengröße) in gleichmäßigen, gegeneinander versetzten Reihen durch die Oberfläche des Fleisches. Achten Sie darauf, mit dem Faserverlauf oder leicht schräg dazu zu spicken. Sonst fallen die Speckstreifen später beim Tranchieren raus. Sie können zum Spicken übrigens auch Hartkäse oder Sardellenfilets nehmen. Das ergibt eine pikantere Note.

Das Spicken hat folgenden Sinn: Es soll die Fettarmut des Wildbrets ausgleichen und den Braten vor Trockenheit schützen. Aber wie gesagt: Ideal ist das nicht!

Lieber Bardieren

Besser ist es, das Wildbret mit Speck zu umwickeln. Das nennt man Bardieren. Besonders zu empfehlen ist das bei Wildgeflügel. Es bekommt das sogenannte Speckhemd. Dazu werden große dünne Speckscheiben schuppenartig um das ganze Tier gelegt und festgebunden. Speck einschneiden und Gewürze aufstreuen. 5 bis 10 Minuten vor Garende werden die Speckstreifen abgenommen, damit das Wildbret schön braun wird. Diese Methode hat den Vorteil, daß die Fleischfasern nicht verletzt werden und der Saftverlust geringer ist. Außerdem muß man den Speck hier nicht mitessen – auch ein Gesichtspunkt, der wichtig ist (für manche aus Kaloriengründen, für andere aus Gesundheitsgründen).

Noch drei Tips, damit das fettarme Wildbret beim Braten schön saftig bleibt:

1. Garen Sie es in Bratfolie oder in Alufolie. Besonders in der Diätküche ist das ideal.

2. Im Backofen trocknet das Fleisch weniger aus als auf der Platte. Außerdem kommt man hier mit weniger Bratfett aus.

3. Begießen Sie den Braten während der Garzeit immer wieder mit Bratenfond.

Richtig würzen

Damit das Wildgericht richtig Pfiff bekommt und vorzüglich schmeckt, muß es natürlich fein gewürzt werden. Mit dem Standardpaar Salz und Pfeffer allein ist es da nicht getan.

Geeignet zum Würzen von Wild sind vor allem frische Kräuter wie Wacholder, Rosmarin, Salbei, Majoran, Thymian und Estragon. Auch (Rot-)Wein, saure Sahne und Zitrone sind zu empfehlen, während Tabasco, Kümmel und ähnliche Scharfmacher zu kräftig und eigenwillig für den feinen Wildgeschmack sind. Aber über Geschmack läßt sich bekanntlich streiten. Auf jeden Fall heißt unser Rat: Seien Sie zurückhaltend – besonders bei Rehwild – mit Gewürzen. Sonst übertönen Sie den feinen Eigengeschmack des Wildes.

Haben Sie Ihren Wildbraten schon mal mit Heu gewürzt? Das ist kein Scherz. Probieren Sie's mal: Wickeln Sie den Braten in Heu und schieben Sie ihn so in den Backofen. Der etwas herbe Geschmack paßt vor allem zum Hasen und zur Wildschweinkeule.

Wie lange so vorbereitetes Wild dann gebraten wird, sagt Ihnen die folgende Tabelle:

Garzeiten von Wild (Durchschnittswerte)

Hase, ganz	50 Minuten	Rehkeule (2 kg)	1 bis 1½ Stunden
Hasenrücken	30 Minuten	Wildschweinrücken (2 bis 3 kg)	2 Stunden
Hasenkeule	50 bis 60 Minuten	Wildschweinkeule	2 Stunden
Hirschrücken (1 kg)	1½ bis 2 Stunden	Wildschweinfilet	40 bis 50 Minuten
Hirschkeule (2 bis 3 kg)	2 Stunden	Fasan	50 bis 60 Minuten
Rehrücken (2 kg)	45 bis 50 Minuten	Rebhuhn	45 Minuten

Das Auge ißt mit!

Nach dem Garen sollten Sie große Braten fünf bis zehn Minuten ruhen lassen, bevor Sie sie tranchieren. Dieses „Absetzen" kommt dem Geschmack zugute, weil der Saft besser im Fleisch bleibt und nicht rausläuft.

Machen Sie Ihr Wildgericht nicht nur zu einem Gaumenschmaus. Denken Sie daran: Auch das Auge ißt mit. Deshalb die Dekoration nicht vergessen!

Wie das Tüpfelchen aufs i passen zu Wildgerichten süß-fruchtige Beilagen wie Preiselbeerkompott in Pfirsich- oder Birnenhälften gefüllt, Orangen- und Ananasscheiben, würzige Fruchtchutneys oder süß-sauer Eingelegtes. Auch dafür liefert Ihnen dieses Buch die passenden Rezepte.

Wenn's was ganz Besonderes sein soll, empfehlen wir Ihnen folgendes:

1. Servieren Sie den schön garnierten Braten (zum Beispiel Rehrücken) auf einem großen Spiegel. Das wirkt!

2. Wer mit Heu würzt, kann den Braten auch auf Heu anrichten. Ein origineller Gag!

3. Die Wildcremesuppe wird festlich-extravagant, wenn Sie sie mit Blattgold (gibt's für wenig Geld beim Bäcker) bestreuen. Es müssen doch nicht immer Mandelblättchen sein!

Nicht zu lange einfrieren

Nicht alles Wild wird frisch verbraucht. Das ist durchaus kein Malheur. Denn es gibt ja die Gefriertruhe. Und da ist Wild ganz vorzüglich aufgehoben. Das Einfrieren bekommt ihm bestens, weil es das Fleisch noch ein wenig mürber macht.

Da Wildbret fettarm ist, kann es 9 bis 12 Monate im Kälteschlaf gelagert werden. Aber bitte nicht länger. Denn nach einem Jahr sind Gefriervorräte Einmachantiquitäten, deren Wert von Tag zu Tag sinkt.

Wichtig ist, daß Sie das Wild nicht gespickt einfrieren. Der Speck wird nämlich schnell ranzig.

Gebeizt wird – wenn überhaupt – erst nach der Gefrierlagerung. Am besten lassen Sie das Fleischstück dann in der Beize auftauen.

30 Tips, Tricks und Kniffe rund ums Wild

In den vorangegangenen Kapiteln haben Sie sicher so manches über Wild erfahren, was Ihnen bisher nicht so geläufig war. Und im folgenden Rezeptteil finden Sie viele Vorschläge für die Zubereitung, die Sie bestimmt auch noch nicht kennen.

Damit wollen wir es nicht bewenden lassen. Um die ganze Sache abzurunden und Ihnen zu noch mehr Erfolg und Freude im Umgang mit Wild und beim Verzehr dieser Delikatesse zu verhelfen, verraten wir Ihnen zusätzlich 30 Tips, Tricks und Kniffe aus der Wildküche:

1. Schmoren Sie Wildgerichte nicht mit Wasser. Nehmen Sie lieber eine aromatisierende Flüssigkeit wie Fleischbrühe, Weiß- oder Rotwein, Apfelwein, Bier oder Sherry. Auch Obstsaft (zum Beispiel Orangensaft) gibt Wildgerichten eine feine Note.

2. Wildenten verlieren ihren tranigen Geschmack, wenn man eine ganze Zwiebel und einen Hering in die Brust legt und ein paar Zwiebeln mitbrät.

3. Würzen Sie die Soße von Hasenpfeffer nicht einfach mit Zucker. Probieren Sie's mal mit Schokolade oder Rübenkraut. Das ergibt einen guten Geschmack und eine schöne Farbe.

Hasenpfeffer können Sie auch mit Trockenpflaumen verfeinern, die zehn Minuten vor Garende dazugegeben werden.

4. Der Wildschweinbraten bekommt eine besonders raffinierte Note, wenn Sie das gegarte Stück mit Brombeergelee bestreichen, mit Semmelbröseln bestreuen und kurz im Backofen bei 230 °C überkrusten. Statt Brombeergelee können Sie als „Unterlage" für die Semmelbrösel auch geriebenen Käse nehmen.

5. Bereiten Sie Reh-, Hirsch- oder Wildschweinkeule mal als Sauerbraten zu, wie Sie's vom Rindfleisch her kennen. Auch das schmeckt.

6. Besonders fein wird die Soße eines Wildschweinbratens, wenn Sie sie mit Brombeergelee und Muskat abschmecken.

7. Holunderlikör gibt Rehbraten und der dazugehörigen Soße das gewisse Etwas.

8. Als Füllung für Rehrouladen eignet sich zum Beispiel folgende Mischung: 150 g Schweinehackfleisch, 1 gewürfelte Zwiebel, 1 Ei, etwas Paniermehl, Salz, Pfeffer.

9. Braten Sie in Rotwein marinierten Hasenrücken mal mit Senf bestrichen.

10. Zu empfehlen ist auch folgende Raffinesse für den Hasenrücken: Begießen Sie ihn bei Tisch mit 2 Gläschen Calvados und flambieren Sie ihn.

11. Rehbraten darf nicht zu scharf gewürzt werden. Sonst verliert er seinen feinen Geschmack. Süße Sahne unterstreicht ihn zum Beispiel. Aber Tomatenmark, Tabasco und andere „Scharfmacher" zerstören ihn.

12. Servieren Sie Hasen- oder Kaninchenleber so als Vorspeise: Die Leber braten, auf Salatblättern anrichten und mit einer würzigen Soße (nach Geschmack) begießen.

13. Damit der Fasan beim Braten schön saftig bleibt, kann man auch ein Stück Bauchspeck oder Butter ins Innere geben. Das beim Braten austretende Fett verhindert das Austrocknen des Fleisches ebenso wie aufgelegte Speckscheiben.

14. Werfen Sie das Speckhemd vom gebratenen Fasan nicht einfach weg. Geben Sie es kleingewürfelt in die Soße.

15. Suchen Sie etwas Besonderes für die Wildente? Dann bepinseln Sie sie mal mit Kognak, anschließend salzen und pfeffern und so füllen: 1 Apfel, 1 Zwiebel, 1 Stange Bleichsellerie (alles zerkleinert). Die Ente mit Räucherspeck und Orangenscheiben bedeckt im Backofen bei 250 °C braten. Mit 1 Tasse Orangensaft und 1 Glas Portwein ablöschen. Soße mit 1 Eßl. Curaçao und ¼ Tasse saurer Sahne abschmecken.

16. Für Wildtauben empfehlen wir folgende Füllung: Die Innereien (Leber, Herz, Magen) fein hacken, mit 2 Scheiben eingeweichtem Weißbrot, 1 Ei und 1 feingewürfelten Zwiebel zu einer Farce verarbeiten und diese in die Tauben füllen.

17. Schnepfendreck ist für viele Wildliebhaber und Feinschmecker eine besondere Delikatesse, aber nicht jedermanns Sache. Vielleicht schmeckt's Ihnen besser, wenn Sie das übliche Rezept mit 1 Glas Portwein verfeinern, den Schnepfendreck auf gebutterte Weißbrotscheiben streichen, diese mit Parmesankäse bestreuen und 5 Minuten im Backofen überbacken.

18. Taubenragout, in Blätterteigpasteten gefüllt, läßt sich prima mit einer Zitronencreme überbacken. Dafür wird 1 Becher Crème fraîche mit Saft von 2 Zitronen, 4 Eigelb, Salz, Pfeffer und Worcestersoße verrührt und im Wasserbad dickschaumig geschlagen.

19. Besonders pikant wird Wildgulasch, wenn Sie 1 Glas Pußtasalat dazugeben.

20. Kaninchen läßt sich auch im Krautwickel zubereiten: Das von den Knochen gelöste Fleisch wird in heißem Fett angebraten, mit Bauchspeckscheiben umwickelt und in blanchierte Wirsingblätter gehüllt. Wie Rouladen garen.

21. Ein Hasenrücken bleibt schön gerade, wenn Sie vorm Braten eine Stricknadel hineinstecken.

22. So verarbeiten Sie Knochen und Kleinfleisch zu Wildfond: Beides stark anbraten, Suppengemüse dazugeben und mitandünsten, mit Rotwein ablöschen, einkochen lassen, nochmals Rotwein zufügen. Mit Salz, Pfeffer und eventuell Cumberlandsoße abschmecken.

23. Wenn Sie eine pikante Soße brauchen, es aber ganz schnell gehen muß, bereiten Sie einfach eine Teufelssoße zu: Zwei Drittel Johannisbeergelee mit ein Drittel Senf verrühren. Fertig!

24. Wenn Sie im Handumdrehen eine cumberlandähnliche Soße „zaubern" wollen, vermischen Sie Johannisbeergelee mit Senf, Apfelsinensaft, abgeriebener Apfelsinenschale, Salz, Pfeffer und Ingwerpulver. Diese Soße paßt zu vielen Wildgerichten und auch zum Fondue.

Zu empfehlen ist außerdem folgende Variante: 2 Eßl. Johannisbeergelee mit 1 Eßl. Senf, 1 Teel. Curry, 2 Eßl. Mayonnaise und 4 Eßl. geschlagener Sahne verrühren.

25. Soll eine Wildsoße hell bleiben, gibt man die Sahne zuletzt dazu. Soll die Soße dunkel werden, wird die Sahne mitgekocht.

26. Wenn es Ihnen darauf ankommt, Fett und Kalorien zu sparen, verfeinern Sie die Soße nicht mit Sahne, sondern mit Vollmilchjoghurt oder Sahnedickmilch. Auch das gibt Pfiff!

27. Zaubern Sie aus Bratenresten (zum Beispiel von Reh, Hase, Kaninchen, Fasan) eine köstliche Pastetenfüllung: Das Fleisch wird in kleine Stücke geschnitten und in eine Bratensoße gegeben, die mit Wein und Worcestersoße pikant abgeschmeckt wird.

28. Für Toast lassen sich gut Wildreste verwerten: Auf die gebutterten

Nährwert- und Kalorientabelle

Je 100 g eßbarer Anteil enthalten:

Nährstoffe / **Wildart**	Energie kcal	Energie kJ	Eiweiß g	Fett g
Damwild	116	485	20	2,5
Fasan	105	439	24	2
Hase	124	519	22	3
Kaninchen	160	669	21	7,6
Rebhuhn	110	461	24	1
Reh (Keule)	106	444	21	1,2
Reh (Rücken)	133	557	22	3,5
Rotwild (Hirsch)	123	515	21	3
Wildente	124	519	23	3
Wildgeflügel (Durchschnitt)	81	340	13	3
Wildschwein	113	473	22	2,4
Zum Vergleich: Schweinefleisch (mittelfett)	276	1155	18	21
Rindfleisch (mittelfett)	238	995	15	18

Fortsetzung von Seite 27:

Toastscheiben gibt man Bratenreste, darauf beliebiges Obst (zum Beispiel Birnen, Preiselbeeren), deckt das Ganze mit Käse ab und überbackt es im Grill.

29. Für die Resteverwertung bietet sich auch eine Jagdschüssel an: Wildbratenreste in Würfel schneiden und mit in Scheiben geschnittenen Pellkartoffeln, Zwiebelringen und Apfelscheiben in eine gebutterte feuerfeste Form schichten. Die oberste Schicht sind Kartoffeln und Zwiebeln. Mit 1 Tasse Bratensoße und 1 Tasse saure Sahne begießen. Butterflöckchen daraufsetzen. Bei 230 °C im Backofen 30 Minuten garen.

30. Wild und Wein: Da sind zwei, die zusammen passen. Mit Wein als Zutat lassen sich alle Wildgerichte verfeinern. Und als Getränk paßt er ebenfalls dazu. Servieren Sie zu üppigen Braten schweren Wein, zu leichten Wildgerichten lieber einen spritzigen Wein.

Nährwert- und Kalorientabelle

	Mineralstoffe				Vitamine		
Kohlenhydrate g	Natrium mg	Calcium mg	Phosphor mg	Eisen mg	A µg	B_1 mg	B_2 mg
1	●	●	●	●	●	●	●
–	●	●	●	●	●	●	●
–	50	9	220	2,4	–	0,09	0,06
0,6	●	●	●	●	●	●	●
–	●	●	●	●	●	●	●
–	60	5	220	3,0	–	0,23	0,48
–	84	25	220	3,0	–	0,23	0,48
–	61	7	249	3,5	–	–	0,25
0,5	●	●	●	●	●	●	●
–	–	18	–	2,0	45	0,05	0,10
0,4	●	●	●	●	●	●	●
–	70	8	155	2,0	–	0,70	0,15
–	75	8	125	2,4	10	0,05	0,15

● bedeutet: Es liegen keine genauen Werte vor

Jagdzeiten

Aus der folgenden Tabelle können Sie entnehmen, wie die Jagdzeiten in der Bundesrepublik Deutschland geregelt sind; das heißt, wann welches Wild frisch zu haben ist. Anzumerken ist dabei, daß es landesrechtliche Einschränkungen dieser generellen Zeiten gibt. Sie sind im Jagdschein angegeben.

Damwild	
Kälber	1. 9. bis 28. 2.
Schmalspießer	1. 7. bis 28. 2.
Schmaltiere	1. 7. bis 31. 1.
Hirsche und Alttiere	1. 9. bis 31. 1.
Rehwild	
Kitze	1. 9. bis 28. 2.
Schmalrehe	16. 5. bis 31. 1.
Ricken	1. 9. bis 31. 1.
Böcke	16. 5. bis 15. 10.
Rotwild	
Kälber	1. 8. bis 28. 2.
Schmalspießer	1. 6. bis 28. 2.
Schmaltiere	1. 6. bis 31. 1.
Hirsche und Alttiere	1. 8. bis 31. 1.

Schwarzwild

Frischlinge	ganzjährig
Überläufer	ganzjährig
Keiler und Bachen	16. 6. bis 31. 1.

Haarwild

Hase	1. 10. bis 15. 1.
Kaninchen	ganzjährig

Wildgeflügel

Ente	1. 9. bis 15. 1.
Fasan	1. 10. bis 15. 1.
Rebhuhn	1. 9. bis 15. 12.
Taube	1. 7. bis 30. 4.
Waldschnepfe	16. 10. bis 15. 1.

Rehwild

Wildsuppe „Burgund"

50 g durchwachsener Räucherspeck, 1 Möhre, 1 Stange Porree, ¼ Sellerieknolle, ½ Petersilienwurzel, 750 g Rehfleisch (oder Hirsch), 1½ l Wasser, einige Tropfen Tabasco, 1 Teel. Salz, 5 Wacholderbeeren, 2 Lorbeerblätter, ¼ Teel. Thymian, 1 Eßl. gehackte Petersilie, 150 g Pfifferlinge, 1 Glas Rotwein (Burgunder), ⅛ l Sahne.

Feingewürfelten Speck in einer Pfanne auslassen. Möhre in Stifte, Porree in Scheiben, Petersilienwurzel und Sellerieknolle in grobe Würfel schneiden. Das Gemüse in dem Speck bei starker Hitze kräftig anbraten. Das Fleisch sorgfältig von Hautresten befreien und in kleine Würfel schneiden. Zu dem angerösteten Gemüse geben und ebenfalls kurz, aber sehr kräftig anbraten. Mit Wasser aufgießen. Salz, Tabasco, Wacholderbeeren, Lorbeerblätter und Thymian dazugeben. Die Suppe bei schwacher Hitze ganz leicht kochen lassen (mindestens 2 Stunden). Dann gehackte Petersilie, vorgedünstete Pfifferlinge und Rotwein dazugeben. Die Suppe noch 15 Minuten ziehen lassen, in Tassen füllen und mit Sahne begießen.

Rehsuppe mit Linsen

Rehknochen, 4 Eßl. Butter, 1 Bund Suppengrün,

Knochen in heißer Butter anbraten. Kleingeschnittenes Suppengrün, Porreeringe, Wacholderbeeren und Salz dazugeben. Mit Wasser auf-

2 Stangen Porree,
1 Teel. Salz,
10 zerdrückte Wacholderbeeren,
2 l Wasser,
200 g rote Linsen,
Salzwasser, 40 g Butter
50 g Mehl,
3 Eßl. Johannisbeergelee,
1 Tasse süße Sahne,
Pfeffer,
1 Gläschen Kognak.

gießen. 1¾ Stunde kochen lassen. Linsen in Salzwasser 1 Stunde kochen.

Mehl in heißer Butter anschwitzen. Mit Rehsuppe ablöschen. Aufkochen lassen. Johannisbeergelee und Sahne unterrühren. Die Soße in die Suppe rühren. Fleisch von den Knochen lösen, in Würfel schneiden und zusammen mit den Linsen in die Suppe geben. Nochmal erhitzen. Salzen und pfeffern. Mit Kognak abschmecken.

Herbstsalat

200 g Rehfleisch (oder andere Wildreste),
2 Eßl. Butter, Salz,
Wildgewürz, Pfeffer,
75 g Weintrauben,
60 g Walnußkerne,
100 g Blattsalat (zum Beispiel Lollo rossa oder Frisée),
150 g Pfifferlinge,
125 g Steinpilze;
für die Marinade:
2–3 Eßl. Weinessig,
½ Teel. Salz,
¼ Teel. Pfeffer,
8 Eßl. Öl.

Rehfleisch würzen und in heißer Butter scharf braten. In Alufolie eingewickelt 10 Minuten ruhen lassen. Pilze in dem Bratenfond andünsten und mit Salz und Pfeffer würzen.

Die Zutaten für die Marinade verrühren und den in mundgerechte Stücke zerzupften Salat dadurchziehen. Auf Teller anrichten. Das in Scheiben geschnittene Fleisch, die Pilze, die halbierten Weintrauben und die gehackten Nüsse darauf verteilen. Mit der restlichen Marinade beträufeln. Sofort servieren.

Tip: Dieser Salat ist eine ideale Vorspeise.

Rehbraten mit Zimtaroma

1 kg Rehkeule,
Salz, Pfeffer,
4 Eßl. Öl,
¼ l gebundene Bratensoße,
1 Tasse süße Sahne,
1 Teel. abgeriebene Orangenschale,
1 Teel. Zimt,
1 Teel. Zucker;
für die Beize:
2 Lorbeerblätter,
einige Pfefferkörner und Wacholderbeeren,
4 Nelken,
4 Stangen Zimt,
8 cl Orangenlikör,
½ l Rotwein,
¼ l Wasser.

Die Zutaten für die Beize verrühren. Die Rehkeule darin 2 Tage marinieren. Herausnehmen, abtrocknen, salzen und pfeffern. In heißem Öl von allen Seiten kräftig anbraten. Mit durchgesiebter Beize ablöschen. Bratensoße zufügen. Bei 200 °C im Backofen 90 Minuten garen. Fleisch herausnehmen und auf einer Platte anrichten. Bratensud durchsieben. Sahne mit Orangenschale, Zimt und Zucker verrühren und die Soße damit binden.

Tip: Auch Wildschweinbraten läßt sich so zubereiten.

Rehrücken mit Sauerkirschen

1 Rehrücken,
1½ Teel. Salz,
¼ Teel. Pfeffer,
1 Teel. Paprikapulver edelsüß,
½ Teel. Thymian,
5 zerdrückte Wacholderbeeren,
100 g Butter,
1 kleines Glas Sauerkirschen,
½ Tasse Fleischbrühe,
⅛ l saure Sahne.

Rehrücken ringsum mit Salz und den gemischten Gewürzen einreiben. 50 g Butter in Flöckchen darauf verteilen. Im vorgeheizten Backofen bei 220 °C auf jeder Seite 5 Minuten anbraten. Dann herausnehmen und 2 Taschen hineinschneiden. Diese mit abgetropften Sauerkirschen füllen und zustecken. Restliche Butter auf den Braten verteilen. Im Backofen 45 Minuten braten. Zwischendurch Fleischbrühe angießen. Bratenfond mit saurer Sahne binden, abschmecken und zum Rehrücken servieren.

Rehrücken mit Pastetchen

1 gespickter Rehrücken (etwa 1,25 kg),
1 Teel. Salz,
je ½ Teel. Pfeffer und Thymian,

Rehrücken mit Salz, Pfeffer, kleingehackten Wacholderbeeren, Thymian und Rosmarin einreiben. Im Backofen bei 250 °C garen. In Abständen von 10 Minuten heiße Fleischbrühe angießen und

1 Messerspitze Rosmarinpulver,
8 Wacholderbeeren,
¼ bis ⅜ l Fleischbrühe;
für die Pastetchen:
300 g TK-Blätterteig,
100 g Gänseleberpastete,
50 g Butter,
½ Teel. Kognak,
12 Cocktailkirschen;
als Beilage:
3 Birnen,
¼ l Wasser,
1 Nelke,
½ Stange Zimt,
1 Teel. Zucker,
3 cl Birnengeist,
1 kleines Glas (220 g) Preiselbeerkompott,
500 g Pfifferlinge,
1 Zwiebel,
1 Teel. Salz,
50 g Butter,
1 Eßl. gehackte Petersilie.

den Braten mit dem Fond begießen. Gesamtgarzeit: 35 bis 45 Minuten.

Den aufgetauten Blätterteig ½ cm dick ausrollen. 24 Plätzchen (Durchmesser 6 cm) ausstechen. Mit einem kleineren Ausstecher (Durchmesser 2 cm) bei 12 Plätzchen das Innere ausstechen. Die Ringe mit verquirltem Eigelb bestreichen und auf die Plätzchen setzen. Das Innere mit Alufolie ausfüllen (3 cm hoch). Die Pastetchen auf ein kalt abgespültes Backblech setzen, 30 Minuten ruhenlassen und dann bei 250 °C etwa 10 bis 15 Minuten backen.

Gänseleberpastete mit weicher Butter und Kognak verrühren. Diese Creme mit dem Spritzbeutel in die Pastetchen füllen. Mit je 1 Cocktailkirsche garnieren.

Birnen halbieren, entkernen und in Wasser mit Nelke, Zimt und Zucker 5 bis 8 Minuten dünsten. Birnen auf Küchenkrepp abtropfen lassen. Die Schnittflächen mit Birnengeist beträufeln. In die Höhlung Preiselbeerkompott füllen.

Pfifferlinge putzen. Mit feingewürfelter Zwiebel in heißer Butter dünsten. Salzen. Mit gehackter Petersilie bestreuen.

Den Rührücken auf einer Platte mit Pilzen und Birnen anrichten. Die Pastetchen dazu servieren.

Kalifornische Rehkeule

1 bis 1½ kg Rehkeule,
Beize,
Räucherspeck,
Salz,
Zwiebel, Möhren,
Butter,
Brot,
Buttermilch,
Ananas,
Sauerkirschen,
Petersilie,
½ Glas Rotwein,
1 Gläschen Kognak.

Die Rehkeule in ein Essigtuch wickeln und einige Tage in Beize legen. Mit Räucherspeck spicken und salzen. Das Fleisch mit gehackten Zwiebeln in heißer Butter anbraten. Kleingeschnittene Möhren und 1 Stück Brotrinde dazugeben. Während des Bratens mehrmals mit Buttermilch begießen. Den garen Braten in Scheiben schneiden. Diese jeweils mit einer halbierten Ananasscheibe belegen. Mit Sauerkirschen und Petersilie garnieren. Die Soße mit Butter, Ananassaft, Rotwein und Kognak verrühren.

Rehkeule „Sebastian“

1,5 kg Rehkeule,
100 g Speck,
8 zerdrückte Wacholderbeeren,
2 Messerspitzen Pfeffer,
1 Teel. Paprikapulver,
½ zerdrückte Knoblauchzehe,
½ Teel. Oregano,
1 gehäufter Teel. Salz,
50 g Butter,
½ Tasse dunkles Bier,
2 Tassen Fleischbrühe,
1 Glas Kognak,
400 g Zucchini,
30 g Butter,
1 kleine Dose Champignons,
½ Teel. Salz,
je 1 Messerspitze Salbei und Pfeffer,
½ Eßl. gehackte Petersilie.

Die Rehkeule mit dem in Streifen geschnittenen Speck spicken. Die Gewürze mischen und das Fleisch damit einreiben. Mit einem Baumwollfaden umwickeln, damit das Fleisch beim Braten nicht auseinanderfällt. Die Rehkeule in heißer Butter von allen Seiten kräftig anbraten. Mit dem Bier begießen und im Backofen bei 200 °C in 1½ Stunden fertiggaren. Zwischendurch mit Fleischbrühe begießen. Die Soße mit Kognak abschmecken.

Zucchini in dünne Scheiben schneiden und in heißer Butter dünsten. Mit Salz, Pfeffer, Salbei und Petersilie würzen. Zum Schluß die Champignons dazugeben. Das Gemüse zum Rehfleisch servieren.

Rehkeule nach Försterart

1 kg Rehkeule,
Rotweinbeize,
50 g Butter,
100 g geräucherter Speck,
⅛ l Rotwein,
Salz,
Pfeffer,
¼ l Fleischbrühe,
je ½ Teel. Thymian und Majoran,
½ Printe,
½ Scheibe Schwarzbrot,
⅛ l Sahne,
etwas Speisestärke,
2 bis 3 Eßl. Preiselbeeren,
1 kleine Dose Pfifferlinge.

Rehkeule über Nacht in Rotwein beizen. Abtrocknen und in heißer Butter und ausgelassenem Speck anbraten. Salzen und pfeffern. Mit Brühe, Beize und Rotwein ablöschen. Mit Thymian und Majoran würzen. Die Keule 60 bis 90 Minuten schmoren (je nach Alter). Nach der halben Garzeit zerbröckelte Printe und zerkrümeltes Schwarzbrot dazugeben.

Nach dem Braten die Soße durchsieben. Mit Sahne verrührte Speisestärke unterrühren. Preiselbeeren und abgetropfte Pfifferlinge zufügen. Aufkochen lassen und abschmecken.

Tip: Statt der Pfifferlinge können Sie auch 100 g Rosinen in die Soße geben. Sie schmeckt dann süßer.

Servieren Sie diesen Rehbraten mit Spätzle oder Semmelknödeln und Rosenkohl.

Rehkeule in Sahnesoße

750 g Rehkeule (ohne Knochen),
50 g durchwachsener Speck,
1 Möhre, 2 Zwiebeln,
100 g Sellerieknolle,
½ Tasse Öl,
½ Teel. Salz,
1 Teel. Paprikapulver,
¼ l Sahne,
2 Teel. Zitronensaft,
2 Eßl. Orangensaft,
2 Eßl. Johannisbeergelee,
2 Zuckerwürfel,
½ Orange.

Die Rehkeule mit gewürfeltem Speck, Möhrenscheiben, Zwiebelringen und Selleriestücken in heißem Öl von allen Seiten hellbraun anbraten. Im geschlossenen Topf im Backofen bei 200 °C etwa 25 Minuten garen. Gewürze, Sahne, Zitronen- und Orangensaft sowie Johannisbeergelee zufügen. Mit Zuckerwürfel die Schale der Orangenhälften abreiben und zufügen. Fleisch herausnehmen. Soße durchsieben (oder pürieren), aufkochen lassen und über den in Scheiben geschnittenen Braten gießen.

Rehsteaks im Topf

8 Rehsteaks (aus der Keule geschnitten),
Bratfett,
Salz, Pfeffer,
125 g gekochter Schinken,
4 dicke Zwiebeln,
500 g Champignons,
Butter,
2 Becher süße Sahne.

Steaks in heißem Fett von jeder Seite 2 Minuten braten. Salzen und pfeffern. Champignons in heißer Butter andünsten. Steaks, gewürfelten Schinken, feingehackte Zwiebeln und die Pilze in einen Topf oder eine Auflaufform schichten. Mit Sahne übergießen. Bei 200 °C etwa 75 Minuten im Backofen garen.

Tip: Servieren Sie dazu heiße Pfirsiche mit Preiselbeeren gefüllt.

Mandelrehsteaks

4 Scheiben Rehfleisch (aus der Keule geschnitten, je 2 cm dick),
Salz,
Muskat,
Mehl,
1 Ei,
100 g gehobelte Mandeln,
Bratfett.

Rehsteaks flachklopfen, etwas zusammendrükken, mit Salz und Muskat würzen. Erst in Mehl, dann in verquirltem Ei, zuletzt in Mandeln wenden. Rehsteaks in heißem Fett von jeder Seite 3 Minuten braten.

Tip: Statt Mandeln können Sie auch Haselnüsse nehmen. Servieren Sie zu den Steaks Kroketten und mit Preiselbeeren gefüllte Ananasscheiben.

Rehsteaks mit Geleeäpfeln

4 Rehsteaks
(à 150 bis 200 g),
2 Eßl. Öl,
1 Glas Weinbrand,
1 säuerlicher Apfel,
Zitronensaft,
1 Eßl. Butter,
1 kleine Dose
Champignons,
1 Eßl. gehackte
Petersilie,
1 gestrichener
Teel. Salz,
4 Teel. Johannisbeergelee.

Steaks mit Öl einreiben und mit Weinbrand beträufeln. Aufeinanderlegen und 1 Stunde ziehen lassen. Apfel waschen, das Kerngehäuse ausstechen. Die Frucht quer in 4 dicke Scheiben schneiden. Mit Zitronensaft beträufeln. In heißer Butter kurz von beiden Seiten anbraten. Steaks von jeder Seite 3 bis 4 Minuten braten. Warmstellen. In den Bratenfond Champignons und Petersilie geben. Kurz durchschwenken. Steaks salzen und auf einer Platte mit den Champignons anrichten. Jedes Steak mit einer Apfelscheibe belegen. Das Loch mit Johannisbeergelee füllen.

Rehfilet in Portweinsoße

1 Rehfilet (350 g),
50 g Butter,
gemahlener schwarzer
Pfeffer;
für die Soße:
½ Tasse Portwein,
½ Tasse Bratenfond,
6 grüne eingelegte
Pfefferkörner,
¼ Teel. abgeriebene
Orangenschale,
20 g Butter,
½ geschälte Orange,
1/16 l Weißwein.

Das Rehfilet mit einem scharfen Messer häuten und eventuell vorhandene Sehnen entfernen. Das Filet in Butter auf beiden Seiten 4 bis 5 Minuten braten. Mit schwarzem Pfeffer würzen. Filet aus der Pfanne nehmen und bei 60 bis 70 °C für 15 Minuten in den Backofen stellen, damit es nachziehen kann. Es soll innen aber leicht rosig bleiben.

Portwein und Bratenfond verrühren. Auf ein Drittel reduzieren. Pfefferkörner und Orangenschale dazugeben. Soße vom Herd nehmen und die kalte Butter stückchenweise einrühren. Orangenhälfte in Spalten teilen und 1 bis 2 Minuten in Weißwein erhitzen. In die Soße geben.

Tip: Dazu gibt es pürierte Gemüse (zum Beispiel Möhren und Wirsing).

Rehmedaillons in Kognaksahne

8 Rehmedaillons
(à 80 g),
8 schmale Scheiben
geräucherter Speck,

Medaillons waschen, trockentupfen, mit Speck umlegen und rundbinden. Pfeffer und Öl gut einmassieren. Mit Rosmarin würzen und mit Kognak beträufeln. 2 bis 3 Stunden zugedeckt mari-

Salz, Pfeffer,
2 Eßl. Öl,
Rosmarin,
1 Gläschen Kognak,
Bratfett;
für die Soße:
1 Eßl. Butter,
1 kleine Zwiebel,
2 Gläschen Kognak,
¼ l Wasser,
2 Teel. Instant-Bratensoße,
2 Eßl. Crème fraîche,
1 Prise Zucker.

nieren lassen. Dann die Medaillons in heißem Fett von jeder Seite 4 Minuten braten. Aus der Pfanne nehmen, salzen und warmstellen.

Für die Soße feingewürfelte Zwiebel in heißer Butter glasig dünsten. Mit Kognak ablöschen. Wasser angießen. Instant-Bratensoße dazugeben. Mit Crème fraîche und Zucker abschmecken.

Hubertusschnitzel

4 flache Rehschnitzel (à150 g),
1 gestrichener Teel. Salz,
½ Teel. grob gemahlener Pfeffer,
2 Eßl. Portwein,
4 Scheiben Salami,
8 Champignons,
1 Eßl. Öl,
4 Eßl. Johannisbeergelee,
je 2 Teel. scharfer Senf und Paprikapulver edelsüß,
1 Teel. Tomatenmark.

Schnitzel leicht klopfen. Rotwein mit Salz und Pfeffer mischen, Schnitzel darin 5 Minuten marinieren. Salamischeiben und je 2 Champignons auf die abgetropften Schnitzel legen. Schnitzel aufrollen und mit Holzspießchen feststecken. Die gerollten Schnitzel auf einem geölten Rost unter mehrmaligem Wenden 8 Minuten grillen.

In einem kleinen Topf Johannisbeergelee mit Senf, Paprikapulver und Tomatenmark verrühren. Die Soße über die Schnitzelröllchen gießen. Sofort servieren.

Gefüllte Rehschnitzel

4 dicke Scheiben aus der Rehkeule,
2 Scheiben Ananas,
einige Senffrüchte,
60 g Butter,
Salz,
4 Eßl. süße Sahne,
1 Schuß Kognak.

In die Fleischscheiben eine Tasche schneiden. Diese mit Ananasstückchen und gewürfelten Senffrüchten füllen. Zustecken. Schnitzel in heißer Butter anbraten. Salzen. Mit Sahne und Kognak abgelöscht garschmoren.

Gegrillte Rehschnitzel

4 Rehschnitzel (à 125 g),
4 Eßl. Öl,
je ½ Teel. Salbei, grob gemahlener schwarzer Pfeffer und Paprikapulver,
1 gestrichener Teel. Salz,
80 g Kräuterbutter,
4 Birnenhälften,
4 Eßl. Preiselbeerkompott,
4 Walnußkerne.

Öl mit den Gewürzen und Salz mischen. Die Rehschnitzel leicht klopfen und von beiden Seiten mit der Gewürzmischung bepinseln. 10 Minuten ziehen lassen. Die Schnitzel auf den geölten Rost des vorgeheizten Grills legen und von jeder Seite 4 Minuten grillen. Auf vorgewärmte Teller legen und mit Kräuterbutter belegen. Birnenhälften mit Preiselbeerkompott füllen, mit den Walnußkernen garnieren und auf dem Fleisch anrichten.

Rehrouladen

250 g Rehfleisch (in 4 dünne Scheiben geschnitten),
350 g Speck,
3 in Weißwein eingeweichte Brötchen,
2 Sardellenfilets,
1 Ei,
Salz,
Zucker,
Kräuter,
abgeriebene Zitronenschale,
50 g Butter,
½ l Wasser,
etwas Wein,
Zitronensaft,
40 g Speisestärke,
⅛ l süße Sahne,
1 Eßl. Preiselbeeren.

200 g Speck mit den Brötchen und Sardellenfilets durch den Fleischwolf drehen. Mit Ei, Salz, Zukker, Kräutern und Zitronenschale vermengen. Diese Masse auf die Rouladen streichen, aufrollen und zustecken. 150 g Speck in heißer Butter auslassen. Rouladen darin ringsum kräftig anbraten. Mit Wasser, Wein und Zitronensaft ablöschen. 60 Minuten schmoren lassen. Rouladen herausnehmen. Soße mit Sahne und Speisestärke andicken. Preiselbeeren dazugeben.

Rehrouladen mit Pilzen

4 Rehrouladen (aus der Keule geschnitten),
350 g Pfifferlinge,
50 g durchwachsener Speck,

Speck und gekochten Schinken in feine Streifen schneiden, Zwiebel in Würfel. Alles in 1 Eßl. heißem Fett anbraten. Rehrouladen salzen und pfeffern. Speck-Schinken-Zwiebel-Mischung darauf verteilen. Rouladen aufrollen und zustek-

100 g gekochter Schinken,
1 kleine Zwiebel,
2 Tassen Fleischbrühe,
2 Eßl. Bratfett,
je ½ Teel. Salz und Pfeffer,
1 Teel. Mehl,
1 Eigelb,
⅛ l süße Sahne.

ken. In restlichem Fett anbraten. Mit Mehl bestäuben, bräunen lassen. Mit Fleischbrühe ablöschen. Pilze dazugeben. Zugedeckt 40 Minuten schmoren. Rouladen herausnehmen. Sahne mit Eigelb verquirlen und die Soße damit binden.

Gefüllte Rippenrolle

1 Rippenstück (Reh- oder Damwild),
250 g Schweinehackfleisch,
100 g geräucherter Schweinebauch,
1 große Zwiebel,
Salz,
1 Teel. Senf,
Wildgewürz,
Bratfett,
¼ l Rotwein,
¼ l Brühe,
süße Sahne,
Speisestärke.

Rippen aus dem Fleisch lösen. Das Fleisch mit Senf bestreichen. Schweinebauch und Zwiebel in feine Scheiben schneiden und darauf verteilen. Schweinemett zur Rolle formen und darauflegen. Das Rippenstück aufrollen und zubinden. In heißem Fett ringsum anbraten. Mit Brühe und Rotwein ablöschen. Bei schwacher Hitze 1½ Stunden garen. Den Bratenfond mit Speisestärke binden. Mit Sahne, Salz und Wildgewürz abschmecken.

Geschnetzeltes mit Orangen und grünen Nudeln

600 g Rehschulter,
Salz,
2 große Orangen,
40 g Butter,
Pfeffer,
250 g grüne Bandnudeln,
Salzwasser,
etwas Öl,
⅛ l Fleischbrühe,
5 cl Portwein oder Madeira,
1 Teel. Speisestärke,
1 Teel. Senf,
Tabasco.

Rehfleisch in feine Streifen schneiden und in heißer Butter 3 bis 4 Minuten braten. ½ Orange auspressen, den Orangenrest filetieren. Nudeln in Salzwasser mit Öl bißfest kochen.

Bratenfond mit Fleischbrühe und Portwein ablöschen. Speisestärke mit Orangensaft verrühren und die Soße damit binden. Kräftig mit Salz, Pfeffer, Tabasco und Senf abschmecken. Geschnetzeltes und die Orangenfilets in die Soße geben. Nudeln abgießen und zum Geschnetzelten servieren.

Reh-Hackbraten

600 g Rehfleisch,
400 g Schweineleber,
250 g Speck,
2 Brötchen,
¼ l Milch,
2 Eier,
1 feingehackte Zwiebel,
1 Eßl. gehackte Petersilie,
1 Gläschen Kognak,
3 Teel. Salz,
2 Teel. Paprikapulver,
je ½ Teel. Majoran und Pfeffer,
je ¼ Teel. Salbei und Thymian,
1 Messerspitze Piment,
150 g Speckscheiben.

Die Hälfte des Rehfleisches und die Schweineleber durch den Fleischwolf drehen. Das restliche Rehfleisch und den Speck fein würfeln. Alles mischen. Mit Milch eingeweichte Brötchen, Eier, Zwiebel, Petersilie und Kognak dazugeben. Die Masse mit den Gewürzen gut durchkneten. Eine Kastenform mit dünnen Speckscheiben auslegen. Hackteig einfüllen. Bei 210°C im Backofen 90 Minuten garen.

Tip: Am besten schmeckt dieser Hackbraten, wenn Sie ihn kalt servieren (zum Beispiel mit Graubrot zum Abendessen).

Geschnetzeltes mit Pfifferlingen

600 g Rehkeule,
2 Zwiebeln,
250 g Pfifferlinge,
2 Eßl. Butter,
1 Eßl. Mehl,
Salz,
Pfeffer,
⅛ l heißes Wasser,
⅒ l saure Sahne,
2 Gewürzgurken,
100 g Perlzwiebeln.

Fleisch in feine Streifen schneiden und in heißer Butter anbraten. Gewürfelte Zwiebeln und Pfifferlinge dazugeben und mitdünsten. Mit Mehl bestäuben und bräunen lassen. Mit Salz und Pfeffer würzen. Mit Wasser ablöschen und garschmoren. Die Soße mit Sahne binden. In Stifte geschnittene Gurken und Perlzwiebeln in die Soße geben. Aufkochen lassen und abschmecken.

Rehgulasch mit Champignons

1 Rehschulter,
½ l Buttermilch,
Salz,
Pfeffer,
100 g fetter Speck,
1 Bund Suppengrün,
1 Möhre,
1 Zwiebel,

Rehschulter ein bis zwei Tage in Buttermilch legen. Gut abtrocknen. Mit Salz und Pfeffer einreiben. Speck auslassen und die Rehschulter darin anbraten. Suppengrün, Gemüse und Gewürze dazugeben. Mit Wasser und Rotwein auffüllen und 45 Minuten schmoren. Fleisch herausnehmen. Bratenfond mit Wasser loskochen. Mit Spei-

2 Lorbeerblätter,
5 Wacholderbeeren,
je ¼ l Wasser
und Rotwein;
für die Soße:
¼ l Wasser,
2 Teel. Speisestärke,
1 Dose Champignons,
etwas süße Sahne,
etwas Rotwein,
Salz,
Pfeffer.

sestärke andicken. Pilze mit Flüssigkeit dazugeben. Mit Salz, Pfeffer, Rotwein und Sahne abschmecken. Fleisch in Würfel schneiden und in die Soße geben.

Sauerländer Rehgulasch

1 kg Rehfleisch;
für die Marinade:
⅜ l Rotwein,
2 Lorbeerblätter,
2 Zwiebeln,
8 Wacholderbeeren,
8 schwarze Pfefferkörner,
1 Stück Sellerieknolle,
1 Möhre,
1 kleine Porreestange;
zum Braten:
150 g roher Schinken,
100 g Speck,
250 g saure Sahne,
1 Teel. Salz,
1 Messerspitze Pfeffer,
200 g Rosinen
(oder Korinthen),
2 Teel. Stärkemehl,
200 g süße Sahne,
1 Messerspitze
Thymian,
2 Eßl. Kognak,
1 Prise Zucker.

Fleisch in Würfel schneiden. Die Zutaten für die Marinade verrühren und das Fleisch darin 4 Stunden beizen. Herausnehmen, trockentupfen. Speck und Schinken würfeln und ausbraten. Gulasch darin anbraten. Das Gemüse aus der Marinade dazugeben. Mit Marinade ablöschen. Salzen und pfeffern. 1½ Stunden schmoren. Rosinen und saure Sahne unterrühren. Stärkemehl mit süßer Sahne verrühren und das Gulasch damit andicken. Mit Kognak, Zucker und Thymian abschmecken.

Waldshuter Rehgulasch

800 g Rehgulasch,
1 mittelgroße Zwiebel,
1 kleines Stück Sellerieknolle,
1 Lorbeerblatt,
4 Wacholderbeeren,
4 schwarze Pfefferkörner,
¼ l Rotwein,
50 g Speck,
Salz,
schwarzer Pfeffer,
100 Rosinen,
1 Teel. Speisestärke,
100 g saure Sahne.

Rehgulasch waschen und trockentupfen. Für die Marinade Zwiebel fein würfeln, Sellerie feinstreifig schneiden; beides zusammen mit Lorbeerblatt, zerdrückten Wacholderbeeren und Pfefferkörnern in den Rotwein geben. Darin das Rehfleisch mehrere Stunden marinieren. Fleisch herausnehmen, trockentupfen und im ausgelassenen Speck anbraten. Zwiebel und Sellerie aus der Marinade dazugeben; ebenfalls kurz anbraten. Salzen, pfeffern und mit der Marinade ablöschen. Zugedeckt etwa 90 Minuten schmoren lassen. Zum Schluß Rosinen zufügen. Speisestärke mit saurer Sahne verrühren und das Rehgulasch damit binden.

Rehgulasch mit Pfifferlingen

125 g durchwachsener Speck,
750 g Rehfleisch,
½ l Fleischbrühe,
2 Zwiebeln,
¼ Sellerieknolle,
1 Dose Pfifferlinge,
⅛ l süße Sahne,
Salz,
Pfeffer,
2 Äpfel,
¼ l Weißwein,
4 Eßl. Preiselbeerkompott.

Speck fein würfeln und ausbraten. Rehfleisch in Würfel schneiden und in dem heißen Fett rundum anbraten. Die Hälfte der Fleischbrühe angießen. 30 Minuten kochen lassen. Restliche Brühe, gewürfelte Zwiebel und Sellerie dazugeben. Noch 50 Minuten schmoren. Kurz vor Garende Pilze und Sahne zufügen. Mit Salz und Pfeffer würzen.

Äpfel schälen, halbieren, entkernen und in Wein weichdünsten. Mit Preiselbeeren gefüllt zum Gulasch servieren.

Tip: Wenn Sie's herzhafter mögen, bereiten Sie Rehgulasch aus folgenden Zutaten zu: 1 kg Rehfleisch, 50 g durchwachsener Speck, 300 g Zwiebeln, 1 Möhre, 250 g Bleichsellerie, Salz, Pfeffer, 1 Teel. Paprikapulver edelsüß, 1 Lorbeerblatt, 1 Gewürznelke, 3 Wacholderbeeren, ½ Teel. Thymian, ¼ l Rotwein, ¼ l Fleischbrühe, 1 Dose Pfifferlinge, 2 bis 5 Eßl. Crème fraîche.

Rehragout

500 g Rehfleisch,
¾ l Salzwasser,

Das in Stücke geschnittene Rehfleisch in Salzwasser garkochen. Butter zerlassen. Mit Mehl

50 g Butter,
1 Eßl. Mehl,
1 Zwiebel,
Salz,
Pfefffer,
1 Eßl. Essig,
etwas Rotwein,
eine Prise Zucker,
1 Gewürzgurke.

anschwitzen und feingewürfelte Zwiebel dazugeben. Unter ständigem Rühren Brühe zufügen. 10 Minuten kochen lassen. Die Soße mit Salz, Pfeffer, Essig, Rotwein und Zucker abschmecken. Rehfleisch und die in Würfel geschnittene Gewürzgurke in die Soße geben.

Rehragout im Tontopf

1 Rehblatt (Vorderkeule),
3 Zwiebeln,
4 Wacholderbeeren,
1 Lorbeerblatt,
8 Pfefferkörner,
2 Grapefruit,
2 Eßl. Speisestärke,
2 Becher saure Sahne,
Salz,
Pfeffer.

Gewässerten Tontopf mit Zwiebelringen auslegen. Fleisch salzen und pfeffern. Auf die Zwiebeln legen. Würzen. Im geschlossenen Topf im Backofen bei 250 °C 1¾ Stunden garen. 15 Minuten vor Garende den Deckel vom Tontopf nehmen, damit das Fleisch bräunen kann.

Grapefruits filieren. Saft auffangen. Saft mit ¼ l Wasser aufkochen und mit Speisestärke andikken. Fleisch aus dem Tontopf nehmen und in Würfel schneiden. Bratenfond durchsieben und in die Grapefruitsoße rühren. Fleischstücke und Grapefruitfilets dazugeben. Abschmecken.

Tip: Verfeinern Sie das Ragout mal mit 2 Eßl. Ebereschenkompott.

Französisches Rehragout

¾ bis 1 kg Rehfleisch,
Salz,
Essig,
Suppengrün,
Zwiebeln,
Fett,
Mehl,
etwas Fleischbrühe,
1 Glas Rotwein,
2 bis 3 Eidotter,
Champignons,
1 Gläschen Weinbrand,
1 Eßl. Kapern.

Unansehnliche Teile vom Reh-Wildbret werden in einer gut gewürzten Brühe mit etwas Essig, reichlich Zwiebeln und Suppengrün halb weich gekocht. Man nimmt sie heraus, löst Knochen und Sehnen aus und schneidet das Wildbret in gleichmäßige kleine Streifchen. Das gut abgetropfte Fleisch wird im Fett angebräunt und dann mit etwas Mehl überstäubt. Wenn dieses Farbe angenommen hat, gießt man mit ganz wenig Fleischbrühe und leichtem Rotwein auf. Darin läßt man das Wildbret zugedeckt ganz weich dämpfen.

Die Soße wird mit Eigelb verrührt, darf dann aber nicht mehr kochen; dazu gibt man feingeschnittene Champignons (oder Steinpilze), einen Spritzer Weinbrand und Kapern.

Tip: Um das angerichtete Ragout legt man geschmorte oder glacierte Zwiebeln.

Rehragout „Nimrod"

1 kg Rehfleisch (Blatt, Hals),
Rotwein,
1 Tasse Speckwürfel,
2 Eßl. Öl,
150 g Zwiebeln,
¼ Sellerieknolle,
1 große Möhre,
1 Petersilienwurzel,
1 Lorbeerblatt,
5 Wacholderbeeren,
Salz,
Pfeffer,
1 Tasse Fleischbrühe,
1 Eßl. Mehl,
1 Tasse Crème fraîche,
1 Glas Rotwein,
1 Tasse zerkleinerte Steinpilze,
6 Eßl. Cumberlandsoße,
1 Gläschen Kirschwasser.

Fleisch in Würfel schneiden und über Nacht in Rotwein marinieren. Speck in heißem Öl ausbraten. Grieben herausnehmen. In dem Fett das Fleisch scharf anbraten. Herausnehmen. Zerkleinertes Gemüse und die Gewürze ins Fett geben und unter Rühren zu Mus kochen. Dabei ab und an Wasser zugießen. Fleisch und Speckwürfel dazugeben. Brühe angießen. Bei schwacher Hitze 1½ Stunden schmoren. Dabei immer wieder den Bratenfond durchrühren, bis von dem Gemüse nichts mehr zu erkennen ist. Das Ragout mit Mehl und Crème fraîche binden. Mit den übrigen Zutaten abschmecken und die Pilze zufügen. Nicht mehr kochen.

Rehpfeffer

Rehbrust und -hals,
100 g Butter,
150 g Speck,
Salz, Pfeffer,
2 Eßl. geriebenes Schwarzbrot,
etwas abgeriebene Zitronenschale,
2 Nelken,
1 Lorbeerblatt,
6 zerdrückte Pfefferkörner,
200 g gewürfelte

Brust- und Halsteile in Würfel schneiden. In Butter und Speck anbraten. Salzen und pfeffern. Schwarzbrot, Gemüse und Gewürze dazugeben. Durchschmoren, bis das Gemüse zusammenfällt. Mit Brühe, Essig und Rotwein ablöschen. 60 Minuten garen. Mit Sahne und Speisestärke andicken.

Tip: Servieren Sie dazu Ananaschutney oder eingelegten Kürbis.

Zwiebeln,
100 g Petersilienwurzel (oder Sellerieknolle),
Muskat, Thymian,
Majoran,
1 l Fleischbrühe,
⅕ l Essig,
1 Glas Rotwein,
etwas süße Sahne
und Speisestärke.

Jägertopf

800 g Rehkeule (oder Hirsch- bzw. Wildschweinkeule),
40 g Öl,
150 g geräucherter Speck,
150 g Zwiebeln,
Majoran,
Pfeffer,
Senf,
100 g Tomaten,
4 grüne Paprikaschoten,
4 Mettendchen,
Champignons nach Belieben,
Salz.

Einen Bratentopf mit Öl auspinseln. Speck in feine Scheiben schneiden und die Hälfte auf den Topfboden legen. Darauf die Hälfte der in Ringe geschnittenen Zwiebeln schichten. Wildfleisch in Scheiben schneiden; mit Pfeffer, Majoran und Senf würzen. Wildfleisch, in Scheiben geschnittene Mettwurst, Tomatenscheiben und Paprikastreifen schichtweise in den Topf geben und jede Schicht leicht salzen. Das Schichten zweimal wiederholen. Mit restlichen Zwiebeln und Speckscheiben abdecken. Den Jägertopf bei Mittelhitze 60 Minuten garen.

Rehklopse

500 g Rehfleisch (Blatt),
80 g Speck,
1 Brötchen,
3 Eier,
1 Zwiebel,
Salz,
Pfeffer,
40 g Butter,
30 g Mehl,
Paniermehl,
⅜ l Fleischbrühe,
Speisestärke,
Zitronensaft,
Kapern.

Rehfleisch und Speck durch den Fleischwolf drehen. Mit eingeweichtem Brötchen, 2 Eiern, angerösteter gehackter Zwiebel, Salz und Pfeffer zu einem glatten Teig verkneten. Daraus kleine Klöße formen. Diese in verquirltem Ei, Mehl und Paniermehl wenden. In heißer Butter anbraten. Fleischbrühe zugießen und die Klöße darin 10 bis 15 Minuten garen. Soße mit Speisestärke andikken, mit Zitronensaft und Kapern abschmecken.

Rehterrine

1 kg Rehfleisch,
500 g fetter Speck,
3 Zwiebeln,
1 Stange Bleichsellerie,
5 Knoblauchzehen,
1 Teel. Thymian,
1 Teel. Rosmarin,
Pfeffer,
6 Wacholderbeeren,
Koriander,
Salz,
50 ml Kognak,
250 g ausgelöster Rehrücken,
⅛ l trockener Rotwein,
1 Zwiebel,
250 g Champignons,
20 g Butter,
1 Bund Petersilie.

Rehfleisch, überbrühten Speck, Zwiebeln und geputztes Gemüse dreimal durch den Fleischwolf drehen. Mit Kognak, Gewürzen und Salz abschmecken. Rehrücken 2 Stunden in Rotwein marinieren. Gewürfelte Zwiebel und blättrig geschnittene Champignons in heißer Butter andünsten. Zuletzt die gehackte Petersilie dazugeben. Salzen und pfeffern. Die Hälfte der Rotweinmarinade zufügen. Abkühlen lassen. Die Hälfte der Wildfarce in eine gefettete Kastenform füllen. Filets und Champignon-Zwiebel-Masse darauf verteilen, mit restlicher Farce abdecken. Die Form mehrmals aufstoßen, damit keine Luftlöcher bleiben. Die Terrine mit der restlichen Rotweinmarinade beträufeln. Die Form mit Alufolie abdecken. Die Terrine bei 180 °C im Backofen 1½ Stunden garen.

Rehsülze

Rippchen vom Reh,
300 g Pökelsalz,
150 g gewürzte Gelatine (vom Metzger),
100 g gemahlene Gelatine;
Gewürze:
4 Zwiebeln,
2 Knoblauchzehen,
2 Möhren,
1 Eßl. gestoßene Pfefferkörner,
1 Eßl. Wacholderbeeren,
1 Teel. Majoran,
1 Teel. Koriander,
4 Lorbeerblätter,
2 kleine rote Chilischoten,
4 Nelken,
6 Pimentkörner.

Rippchen in 4 Stücke zerteilen. Pökelsalz mit Wasser aufkochen, über die Rippchen gießen. 2 Tage in der Lake liegenlassen. Dann Rippchen gut abspülen, mit 3 l Wasser aufgießen, alle Gewürze dazugeben und das Ganze 2 Stunden kochen. Brühe abseihen, erkalten lassen und entfetten. Fleisch von den Rippchen lösen, in Würfel schneiden und in eine Kastenform füllen. 2 l Brühe abmessen, in ½ l davon die Gelatine quellen lassen. Auflösen, mit der restlichen Brühe mischen und über das Fleisch gießen. Über Nacht erstarren lassen. Am nächsten Tag stürzen.

Tip: Man serviert die Sülze in Scheiben geschnitten zu Bratkartoffeln, Remouladensoße und Salat. Sie ist außerdem ein herzhafter Brotbelag.

Rehrückenstrudel

1 Rehrücken,
Salz,
Pfeffer,
1 Eßl. Öl,
200 g Kalbsbrät,
1 Messerspitze abgeriebene Zitronenschale,
1 Teel. Zitronensaft,
1 Teel. Weizenmehl,
1 Ei,
1 Eßl. Preiselbeerkonfitüre,
1 Teel. gehackte Pistazien,
1 Paket Tiefkühl-Blätterteig,
2 Eigelb.

Rehrücken vom Knochen lösen, salzen und pfeffern. In heißem Öl 5 Minuten anbraten. Abkühlen lassen. Blätterteig ausrollen und auf ein kalt abgespültes Backblech legen. Rehrücken darauflegen. Kalbsbrät mit Zitronenschale und -saft, Mehl, Ei, Preiselbeerkonfitüre und Pistazien gut verkneten. Diese Masse um den Rehrücken verteilen. Blätterteig zusammenschlagen, mit verquirltem Eigelb bestreichen. Mit Blätterteigresten verzieren. Den Strudel bei 220 °C etwa 35 bis 40 Minuten backen.

Gebackene Rehkrusteln

500 g gekochtes Rehfleisch (Rippen oder Nacken),
150 g Schinkenspeck,
150 g Champignons,
1 Zwiebel,
1 Ei,
1 Eigelb,
1 Eßl. Mehl,
1 Teel. Worcestersoße,
1 Eßl. Weinbrand,
Salz,
Pfeffer,
Paprikapulver edelsüß,
30 g Semmelbrösel,
30 g geriebener Käse (zum Beispiel Emmentaler),
40 g Butter.

Rehfleisch, Schinkenspeck, Champignons und Zwiebel durch den Fleischwolf drehen. Mit Ei, Eigelb, Mehl, Worcestersoße, Weinbrand, Salz, Pfeffer und Paprikapulver zu einem glatten Teig verkneten. Daraus fingerlange Würstchen formen. Diese in einer Mischung aus Semmelbrösel und Käse wenden. 30 bis 60 Minuten kaltstellen. Dann in heißer Butter in 10 Minuten goldbraun braten.

Tip: Servieren Sie dazu Toastbrot und Preiselbeerkompott.

Rehplätzchen

200 g Rehfleisch,
200 g Schweinehack,
Salz,
Pfeffer,
1 Messerspitze Thymian,
gehackte Petersilie,
2 Eier,
50 g Champignons,
2 Eßl. süße Sahne,
Bratfett;
für die Soße:
je 1 kleines Glas Preiselbeeren und Sauerkirschen,
Kirschlikör,
1 Eßl. süße Sahne.

Rehfleisch durch den Fleischwolf drehen. Mit Schweinehack, Salz, Pfeffer, Thymian, Petersilie, Eiern, Champignons und Sahne zu einem glatten Teig verkneten. Daraus Plätzchen formen und diese in heißem Fett goldbraun braten. Für die Soße Sauerkirschen und Preiselbeeren erhitzen. Mit Kirschlikör abschmecken. Mit Sahne verfeinern. Die Soße zu den Plätzchen servieren.

Rehleber Schweizer Art

600 g Rehleber
2 Tomaten
80 g geriebener Käse (zum Beispiel Emmentaler),
1½ Eßl. Butter,
8 Scheiben Schinkenspeck,
Salz,
Pfeffer,
1 Teel. Mehl,
1 Eßl. Zitronensaft,
⅛ l saure Sahne,
Paprikapulver,
gehackte Petersilie.

Leber in 1 cm dicke Scheiben schneiden, 5 Minuten wässern, abtrocknen und in Käse wenden. In 1 Eßl. heißer Butter den gewürfelten Speck knusprig ausbraten. Leber darin braten. Salzen und pfeffern. Leberscheiben mit Speck auf einer Platte anrichten. Restliche Butter ins Bratfett geben. Enthäutete, entkernte und in Würfel geschnittene Tomaten darin andünsten. Mehl mit Wasser anrühren und die Tomatensoße damit andicken. Mit Zitronensaft, Sahne, Salz, Pfeffer, Paprikapulver und gehackter Petersilie abschmecken. Die Soße zur Leber servieren.

Rehleber-Geschnetzeltes

500 g Rehleber,
40 g Butter,
2 Zwiebeln,
Salz,
Pfeffer,

Leber enthäuten, von Sehnen befreien und in Streifen schneiden. Zwiebel würfeln und in heißer Butter glasig dünsten. Leberstreifen in Mehl wenden und mitanbraten. Mit Salz, Pfeffer und

Paprikapulver,
50 g Mehl,
⅛ l süße Sahne,
⅛ l Rotwein,
4 Äpfel,
50 g Butter.

Paprikapulver würzen. Mit Sahne und Rotwein ablöschen. 10 Minuten schmoren. Äpfel schälen, vierteln, entkernen und in Scheiben geschnitten in heißer Butter anbraten. Zur Rehleber geben. Abschmecken.

Tip: Servieren Sie das Geschnetzelte im Reisrand.

Rehleber-Frikassee

300 g Rehleber,
1 Zwiebel,
3 Eßl. Butter,
1 Tasse Pilzcremesuppe (Instantprodukt),
3 Eßl. Milch,
Salz,
Pfeffer,
Thymian.

Leber enthäuten, wässern und dann gut abgetrocknet in Streifen schneiden. Zwiebel würfeln und in heißer Butter glasig rösten. Rehleber darin 4 bis 5 Minuten braten. Mit Pilzcremesuppe und Milch ablöschen. Mit Pfeffer würzen. Unter ständigem Rühren aufkochen lassen. Mit Salz und Thymian abschmecken.

Tip: Sie können das Frikassee noch mit Champignons verfeinern. Dazu wird Reis serviert.

Rehleber-Ragout

500 g Rehleber,
60 g Butter,
¼ l Rotwein,
Salz,
Pfeffer,
3 Zwiebeln,
3 Bananen,
1 Teel. Speisestärke.

Leber in Würfel schneiden und in 40 g Butter rundum anbraten. Wein zugießen. Leber 5 bis 6 Minuten schmoren. Gewürfelte Zwiebeln in der restlichen Butter glasig dünsten. Bananen in Scheiben schneiden und 2 Minuten mitdünsten. Zur Leber geben. Mit angerührter Speisestärke andicken. Mit Salz und Pfeffer abschmecken.

Tip: Statt Bananen paßt auch Ananas in das Ragout.

Rehleber-Klöße

500 g Rehleber,
3 Brötchen,
⅛ l Milch,
80 g Speck,
3 Zwiebeln,
Wildgewürz,
Salz,
1 Ei,
Salzwasser.

Brötchen in heißer Milch einweichen. Mit der Leber durch den Fleischwolf drehen. Speck und Zwiebeln in feine Würfel schneiden. Speck ausbraten. Zwiebeln darin glasig dünsten. Beides zum Fleischteig geben. Mit Ei und Salz zu einem glatten Teig verkneten. Daraus Knödel formen und diese in kochendes Salzwasser legen. 20 Minuten ziehen (nicht kochen!) lassen.

Rotwild

Hirschkraftbrühe mit Klößchen

1 kg Hirschfleisch (Bein),
250 g Möhren,
1 Zwiebel,
200 g Sellerieknolle,
30 g Butter,
2 l Fleischbrühe,
2 Teel. Salz,
½ Teel. Thymian,
4 Pfefferkörner,
1 Lorbeerblatt,
1 Möhre,
1 Zitrone,
1 Ei,
2 Eßl. Semmelbrösel,
Muskat,
1 Glas trockener Sherry,
1 Bund Schnittlauch.

Fleisch und zerkleinertes Gemüse in heißem Fett anbraten. Fleischbrühe angießen. Salz und Gewürze zufügen. 2 Stunden kochen lassen. Möhre und Zitronenschale in den letzten 20 Minuten mitkochen. Brühe durchsieben.

Fleisch von den Knochen lösen, durch den Fleischwolf drehen, mit Ei und Semmelbröseln verkneten, mit Salz und Muskat würzen. Kleine Klößchen von dem Teig abstechen und 10 Minuten in der Brühe garziehen lassen. Suppe mit Zitronensaft und Sherry abschmecken. Möhre in Scheiben geschnitten dazugeben. Mit Schnittlauchröllchen bestreut servieren.

Hirschgulaschsuppe

500 g Hirschfleisch (aus der Keule),
320 g Zwiebeln,
100 g geräucherter Bauchspeck,

Fleisch und Bauchspeck in Würfel, Zwiebel in Scheiben schneiden. Speck in heißem Öl anbraten. Zwiebel darin glasig dünsten. Fleisch zufügen und ringsum 10 Minuten anbraten. Paprika-

4 Eßl. Öl,
1 rote Paprikaschote,
Salz,
Pfeffer,
Zucker,
Paprikapulver edelsüß,
2 Eßl. Mehl,
1 l heißes Wasser
(oder Fleischbrühe),
1 kleine Dose
Pfifferlinge,
2 Gläser Portwein,
4 Gläschen Kognak,
1 Bund Petersilie.

schote putzen, in Streifen schneiden und dazugeben. Mit Salz, Pfeffer, Zucker und Paprikapulver würzen. Mehl darüberstäuben. Mit heißem Wasser ablöschen. Umrühren. Pilze, Portwein und Kognak dazugeben. Zugedeckt 40 Minuten kochen lassen. Abschmecken. Mit gehackter Petersilie servieren.

Lukullische Hirschvorspeise

8 Scheiben gares
Hirschfleisch,
8 Scheiben Toastbrot,
50 g Butter,
2 Dosen Gänse-
leberpastete,
1 Eßl. Butter,
1 Eßl. Sherry,
2 Eßl. gehackte
Pistazien,
1 kleine Dose
Mandarinen,
Kresse.

Brot toasten, mit Butter bestreichen und mit je 1 Scheibe Hirschfleisch belegen. Gänseleberpastete mit Butter und Sherry verrühren. Die Creme per Spritzbeutel auf das Hirschfleisch spritzen. 4 Scheiben mit gehackter Petersilie garnieren, den Rest mit Mandarinen.

Glasierte Hirschmedaillons

4 Hirschmedaillons,
Bratfett,
Salz,
20 g Leberpastete,
8 Stücke Ananas,
4 Mandarinenspalten,
4 Walnußkerne,
4 Blatt weiße Gelatine,
4 Eßl. Wasser,
4 Eßl. Weißwein,
Fleischextrakt,
Zitronensaft.

Hirschmedaillons rundbinden. Im heißen Fett scharf anbraten, dabei öfters wenden; dann salzen. Hirschmedaillons erkalten lassen. Mit dem Spritzbeutel Leberpastete auf jedes Fleischstück spritzen. Mit Ananas, Mandarinen und Walnußkernen garnieren. Gelatine in Wasser auflösen; Wein dazugeben. Mit Fleischextrakt und Zitronensaft abschmecken. Halbsteif werden lassen. Dann die Medaillons damit überziehen.

Tip: Mit Toastbrot servieren.

Hirschmedaillons mit grünem Pfeffer

8 Hirschmedaillons (à 100 g),
1 Teel. abgeriebene Orangenschale,
2 Eßl. grüne Pfefferkörner,
1 Teel. Thymian,
1 Tasse Öl,
3 Gläschen Kognak,
Bratfett,
Salz,
Pfeffer,
100 g Doppelrahm-frischkäse,
100 g Gänseleber-parfait,
1 Bund Petersilie,
Cocktailkirschen,
Cumberlandsoße,
Kräuterzweige.

Aus Öl, 2 Gläschen Kognak, Orangenschale, Thymian und Pfefferkörnern eine Marinade herstellen und die Hirschmedaillons darin über Nacht im Kühlschrank beizen. Fleisch trockentupfen und in heißem Fett braten. Salzen und pfeffern. Erkalten lassen. Frischkäse mit Gänseleberparfait und restlichem Weinbrand verrühren. Die Creme auf die Medaillons spritzen. Mit Cocktailkirschen, Petersilie und Kräuterzweigen garnieren und mit Cumberlandsoße servieren.

Tip: Statt Gänseleberparfait können Sie für die Creme auch einfache Leberwurst nehmen. Garniert wird dann mit Apfel- oder Tomatenröschen.

Hirschsteaks mit Portweinsoße

4 Hirschsteaks (à 150 g),
5 Eßl. Butter,
2 kleine Äpfel,
6 Eßl. Calvados,
75 g fetter Speck,
500 g Wildknochen,
1 Bund Suppengrün,
2 Zwiebeln,
250 g Pfifferlinge,
¼ l Portwein,
2 zerdrückte Wacholderbeeren,
Salz,
Pfeffer,
gerebelter Thymian,
1 Teel. Johannis-beergelee,
je 1 Messerspitze Senfpulver und Zimt,
1 Becher Crème fraîche.

Für die Soße Speckwürfel ausbraten. Wildknochen darin anbraten. Zerkleinertes Suppengrün und 1 gewürfelte Zwiebel dazugeben und mitandünsten. Mit Pilzflüssigkeit, etwas Wasser und ⅛ l Portwein ablöschen. Mit Wacholderbeeren, Salz, Pfeffer und Thymian würzen. Zugedeckt 1 Stunde kochen lassen. Dann die Brühe durchsieben und auf ⅓ einkochen lassen. Restlichen Portwein, Johannisbeergelee, Senfpulver und Zimt dazugeben. Nochmals einkochen lassen. Crème fraîche unterrühren. Mit Salz und Pfeffer abschmecken.

Steaks in heißer Butter braten. Mit Salz, Pfeffer und Thymian würzen. Herausnehmen und warmstellen. In dem Fett die restliche feingewürfelte Zwiebel glasig dünsten. Pfifferlinge dazugeben. Salzen und pfeffern. Gardünsten. Äpfel schälen, Kerngehäuse ausstechen, das Fruchtfleisch in 1 cm dicke Scheiben schneiden. In heißer Butter anbraten. Hirschsteaks wieder in die Pfanne geben, Pfifferlinge drumherum verteilen, Apfelringe obenauf legen. Mit angewärmtem Calvados begießen und flambieren. Mit der Portweinsoße servieren.

Hirschsteaks mit Preiselbeercreme

4 Hirschrückensteaks (à 200 g),
2 Eßl. Bratfett,
Salz,
Pfeffer,
2 Zwiebeln,
4 cl. Kirschlikör,
2 Tassen gebundene Bratensoße,
3 Eßl. Preiselbeeren,
1 Eßl. Senf,
1 Tasse süße Sahne.

Hirschsteaks in heißem Fett scharf anbraten, dann auf jeder Seite 3 Minuten braten. Aus der Pfanne nehmen, salzen und pfeffern; warmstellen. Die feingehackten Zwiebeln in dem heißen Bratfett glasig dünsten. Mit Kirschlikör ablöschen. Heiße Bratensoße dazugeben. Preiselbeeren und Senf unterrühren. Soße mit Salz und Pfeffer abschmecken. Zuletzt die geschlagene Sahne unterheben. Die Preiselbeercreme zu den Steaks servieren.

Hirschsteaks in Orangen-Sahne-Soße

4 kleine Hirsch- (oder Reh-)Steaks,
Salz,
frisch gemahlener schwarzer Pfeffer,
1½ Eßl. Öl,
75 g Butter zum Braten,
Saft von 2 Orangen,
4 Eßl. saure Sahne,
1 Teel. Speisestärke,
abgeriebene Schale von ¼ Orange,
1 Eßl. Orangenmarmelade,
1 Gläschen Madeira,
2 Orangenscheiben,
2 Teel. Preiselbeerkonfitüre.

Die sehr gut abgehangenen Steaks flachdrücken; mit Salz, Pfeffer und zerdrückten Wacholderbeeren von beiden Seiten einreiben; mit Öl beträufeln; in Alufolie wickeln und über Nacht im Kühlschrank marinieren lassen. Dann die abgetrockneten Steaks von beiden Seiten in Butter braten, so daß sie innen rosa bleiben.

Bratenfond mit Orangensaft aufkochen. Saure Sahne mit Speisestärke verrührt dazugeben. Leicht durchschlagen und einmal aufkochen lassen. Orangenmarmelade und Madeira dazugeben. Abschmecken. Hirschsteaks mit Soße sowie Orangenscheiben mit Preiselbeeren garniert servieren.

Hirschfilet in Kräuterteig

2 Pakete Tiefkühl-Blätterteig,
750 g Hirschfilet,
Salz,
Pfeffer,
20 g Bratfett,
2 Eßl. Kognak,
2 Wacholderbeeren,
1 Teel. Rosmarin,
2 Teel. Thymian,
4 Blättchen Salbei,
1 Eigelb,
1 Teel. Öl.

Hirschfilet salzen und pfeffern. In heißem Fett rundum scharf anbraten. Kognak in einer Kelle erwärmen, anzünden und über das Filet gießen. Abbrennen und auskühlen lassen.

Wacholderbeeren zerstoßen. Mit Thymian, Rosmarin, feingehacktem Salbei und Salz mischen. Diese Kräutermischung auf die aufgetauten Blätterteigscheiben geben und ausrollen. Filet halbieren und die Stücke getrennt in Teig einwikkeln. Ränder gut festdrücken. Das Ganze 15 Minuten ruhen lassen. Teig einstechen. Eigelb mit Öl verrühren und den Teig damit bepinseln. Auf ein kalt abgespültes Backblech legen. Bei 225°C etwa 20 Minuten backen.

Hirschrouladen

4 dünne Scheiben Fleisch aus der Hirschkeule,
Salz, Pfeffer,
4 große Scheiben geräucherter Schinken,
50 g Trockenpflaumen (ohne Stein),
40 g Fett,
1 Zwiebel,
1 Lorbeerblatt,
2 Nelken,
4 Wacholderbeeren,
1/8 l Fleischbrühe,
Crème fraîche,
etwas abgeriebene Zitronenschale.

Fleisch salzen und pfeffern. Mit Schinken und Pflaumen belegen. Rouladen aufrollen und zustecken. In heißem Fett anbraten. In Würfel geschnittenen Speck und gehackte Zwiebel dazugeben. Würzen und restliche Pflaumen zufügen. Mit Brühe ablöschen. 45 bis 60 Minuten schmoren. Rouladen herausnehmen. Bratenfond mit Crème fraîche binden. Mit Zitronenschale abschmecken. Soße durchsieben und zu den Rouladen servieren.

Rotes Hirschstroganoff

750 g Hirschfleisch,
2 Zwiebeln,
12 Champignons,
50 g Bratfett,

Hirschfleisch in feine Streifen schneiden, Zwiebeln in Ringe und Champignons in Viertel. Fleisch in heißem Fett ringsum anbraten. Zwiebeln dazugeben und mitandünsten. Mit Wein-

4 Eßl. Weinbrand,
4 Eßl. süße Sahne,
Saft von 1 Zitrone,
½ Teel. Salz,
Pfeffer,
4 Eßl. geraspelte eingelegte Rote Bete,
4 Eßl. Gewürzgurken,
1 Teel. Zucker,
2 Eßl. gehackte Petersilie.

brand, Sahne und Zitronensaft ablöschen. Salzen und pfeffern. Pilze, Rote Bete und in Streifen geschnittene Gurken dazugeben. Garschmoren. Mit Zucker abschmecken. Mit gehackter Petersilie bestreuen.

Tip: Servieren Sie Reis dazu.

Statt Hirschfleisch können Sie auch Reste von Reh oder Hase nehmen. Gut eignen sich auch Bauchlappenstücke.

Feuriges Hirschgulasch

1 kg Hirschgulasch,
3 Eßl. Bratfett,
2 Zwiebeln,
1 kleine Gewürzgurke,
2 rote und 2 grüne Paprikaschoten,
1 Dose Champignons,
1 kleine Dose Ananasstücke,
½ Glas Perlzwiebeln,
½ Päckchen Steakgewürz, Salz,
je ½ Teel. Paprikapulver und Curry,
½ Flasche Chilisoße,
4 Eßl. süße Sahne.

Hirschgulasch in heißem Fett scharf anbraten und kräftig würzen. Ananas mit Saft, Perlzwiebeln und Champignons ohne Saft dazugeben, dann die gewürfelte Gurke, in Scheiben geschnittene Zwiebeln, Chilisoße und Sahne. Das ganze 45 Minuten schmoren. Inzwischen Paprikaschoten putzen, in Streifen schneiden und kurz abkochen. Zum Gulasch geben und 10 bis 15 Minuten mitgaren.

Würziger Hirschspieß

300 g Hirschfleisch,
200 g durchwachsener Speck,
2 grüne Paprikaschoten,
1 Aubergine,
2 Zwiebeln,
4 Tomaten,
Salz,
Pfeffer,
⅛ l Öl,
Senf.

Hirschfleisch in Würfel schneiden und in einer Mischung aus Öl, Senf, Salz und Pfeffer 30 Minuten marinieren. Speck, Paprikaschoten, Aubergine, Zwiebeln und Tomaten würfeln und abwechselnd mit dem Wild auf Spieße stecken. Mit der Marinade bepinseln und die Spieße auf dem Holzkohlengrill garen.

Gegrillter Hirschspieß

1 kg Hirschfleisch,
2 Birnen,
2 Äpfel,
150 g durchwachsener Speck,
Salz,
Pfeffer,
Mangochutney.

Fleisch in Würfel schneiden. Äpfel und Birnen vierteln, entkernen und ebenfalls würfeln. Speck in Scheiben schneiden. Alle Zutaten abwechselnd auf Grillspieße stecken, mit einer Mischung aus Mangochutney und Pfeffer bepinseln und im Grill 20 Minuten garen. Nachher salzen.

Tip: Servieren Sie dazu Folienkartoffeln und Preiselbeeren oder einfach nur Toastbrot.

Beschwipstes Hirschragout

750 g schieres Hirschfleisch,
2 Zwiebeln,
12 große frische Champignons,
50 g Schmalz,
¼ l Rumtopfflüssigkeit,
4 Eßl. Rumtopffrüchte,
2 Eßl. Sahne,
Salz,
Pfeffer,
1 kleines Glas eingelegter Paprika (in Streifen geschnitten),
4 kleingehackte Gewürzgurken,
Petersilie.

Fleisch erst in fingerdicke Scheiben, dann in Würfel schneiden. Zwiebeln in feine Scheiben schneiden. Geputzte Champignons vierteln. Schmalz sehr heiß werden lassen. Fleisch und Zwiebeln darin kräftig anbraten. Rumtopfflüssigkeit, -früchte und Sahne dazugeben. Mit Salz und Pfeffer abschmecken. Zuletzt Paprika, Gurken und Champignons zufügen und das Ragout gut durchkochen lassen. Mit gehackter Petersilie bestreut servieren.

Tip: Dazu paßt als Beilage Kartoffelbrei.

Damwild

Damwildlendchen Badische Art

50 g Geflügelleber,
50 g Kalbfleisch,
50 g Speck,
½ Tasse süße Sahne,
1 Gläschen Kognak,
1 Gläschen Sherry,
je 1 Prise Majoran,
Thymian und Muskat,
Salz,
Pfeffer,
8 Scheiben
Damkalbfilet
(à 60 bis 70 g),
etwas Mehl,
2 Eier,
1 Tasse gemahlene
Mandeln,
Bratfett,
4 Tomaten,
4 Eßl. Champignons;
für die Soße:
2 Eigelb,
1 Eßl. Weißwein,
½ Eßl. Zitronensaft,
200 g Butter.

Geflügelleber, Kalbfleisch und Speck zweimal durch den Fleischwolf drehen. Die Masse mit Sahne, Kognak, Sherry und Gewürzen zu einer geschmeidigen Farce verarbeiten. 90 Minuten im Wasserbad ziehen lassen. Erkalten lassen und in Scheiben schneiden.

Filetscheiben salzen und pfeffern. Je eine Scheibe Farce zwischen zwei Filetscheiben legen. Mit Mehl bestäuben und in verquirlten Eiern wenden, mit Mandeln panieren. Fleisch von beiden Seiten in 7 bis 8 Minuten goldbraun braten. Mit Tomaten und kurz erhitzten Champignons garnieren.

Für die Soße Eigelb mit Wein und Zitronensaft im Wasserbad dickschaumig schlagen. Geschmolzene, abgekühlte Butter tropfenweise unterrühren.

Damwild

Damwildsuppe

250 g Damkalbfleisch,
3 Eßl. Butter,
2 Zwiebeln,
2 Eßl. Mehl,
⅛ l Rotwein,
¾ l Fleischbrühe,
1 Eßl. Tomatenmark,
1 Teel. Thymian,
4 zerdrückte Wacholderbeeren,
75 g Champignons (in Scheiben geschnitten),
1 Eßl. Preiselbeeren,
Salz,
Pfeffer,
Worcestersoße.

Fleisch in Würfel schneiden unnd in heißer Butter anbraten. Gewürfelte Zwiebeln darin mitandünsten. Mit Mehl bestäuben und anrösten. Mit Rotwein und Fleischbrühe ablöschen. Tomatenmark, Thymian und Wacholderbeeren zufügen und die Suppe 35 Minuten kochen lassen. Zum Schluß Champignons und Preiselbeeren dazugeben. Mit Salz, Pfeffer und Worcestersoße abschmecken.

Damhirschrücken mit Pfeffersoße

1 kg Damhirschrücken,
40 g Speck,
40 g Bratfett,
Salz,
etwas Fleischbrühe;
für die Soße:
1 Zwiebel,
30 g Speck,
Pfefferkörner,
1 Lorbeerblatt,
Thymian,
2 Eßl. Essig,
saure Sahne,
Mehl,
1 Teel. Johannisbeergelee.

Fleisch salzen und mit Speckscheiben umbinden. In heißem Fett anbraten. Mit Brühe ablöschen. Im Backofen bei 200 °C 1½ Stunden schmoren. Zwischendurch immer wieder mit Bratenfond begießen.

Für die Soße Zwiebel würfeln und in ausgelassenem Speck mit zerdrückten Pfefferkörnern, Lorbeerblatt und Thymian glasig dünsten. Etwas Bratenfond und Essig angießen. Aufkochen lassen. Die Soße mit saurer Sahne und Mehl binden. Mit Johannisbeergelee abschmecken.

Gerollter Kräuterbraten

1,5 kg Damkalbbrust oder -schulter (entbeint),
4 bis 5 Zwiebeln,
2 Knoblauchzehen,

Fleisch mit feingewürfelten Zwiebeln, zerdrückten Knoblauchzehen, Thymian, Salz, Pfeffer und Zitronensaft einreiben. 2 Stunden ziehen lassen. Bratwurstbrät mit Kräutern, Ei und Curry vermischen. Das Fleisch damit bestreichen und aufrol-

Salz, Pfeffer,
Thymian,
Zitronensaft;
für die Füllung:
250 g Bratwurstbrät,
200 g gehackte Kräuter (Petersilie, Kerbel, Kresse, Borretsch, Schnittlauch),
Muskat,
1 Ei,
1 Teel. Curry,
Salz, Pfeffer,
500 g Kalbsknochen,
¼ Sellerieknolle,
1 Möhre,
1 Lorbeerblatt.

len. Mit Garn umwickeln. Mit Salz und Pfeffer würzen. Fleisch mit Kalbsknochen, Sellerieknolle, Möhren und Lorbeerblatt in einen feuerfesten Topf geben. Im Backofen bei 225°C etwa 90 Minuten garen.

Damwildrouladen

500 g Damwildkeule,
Salz,
Pfeffer,
Paprikapulver,
1 Möhre,
2 Äpfel,
1 Zwiebel,
50 g Bratfett,
4 Eßl. Apfelmus,
¼ l Fleischbrühe.

Fleisch in 4 dünne Scheiben schneiden. Mit Salz, Pfeffer und Paprikapulver würzen. Möhre, Äpfel und Zwiebel in Würfel schneiden, auf die Fleischscheiben verteilen. Aufrollen und die Rouladen zustecken. In heißem Fett anbraten, mit Brühe auffüllen, Apfelmus dazugeben und 1½ Stunden schmoren.

Tip: Statt Damwild können Sie auch Rotwild nehmen.

Damwildfondue

750 g Damkalbrücken,
Fett zum Ausbacken,
Salz,
Paprika,
Curry,
Kräuterbutter.

Damkalbrücken in 2 cm große Würfel schneiden, etwa 3 Minuten im Fonduetopf ausbacken, würzen.

Tip: Folgende Beilagen werden dazu serviert: Curry-Sahne-Mayonnaise, Mandarinenstückchen, Ananasstücke, Preiselbeerkompott, gegrillte Bananenscheiben, Waldorfsalat, Toastbrot, Partybrötchen.

Damwildgulasch

750 g Damwildfleisch,
30 g Fett,
2 Zwiebeln,
½ l Brühe,
1 Tasse Orangensaft,
Salz,
Pfeffer,
1 Nelke,
1 reife Birne,
1 Eßl. Kokosraspeln,
20 g Butter,
etwas süße Sahne.

Zwiebeln würfeln und in heißem Fett glasig dünsten. Fleisch in Würfel schneiden und darin anbraten. Mit Orangensaft und Brühe ablöschen. Mit Salz, Pfeffer und Nelke würzen. 50 Minuten schmoren. Kokosraspeln in heißer Butter rösten. Zusammen mit der geschälten, entkernten und gewürfelten Birne zum Gulasch geben. Mit Sahne binden.

Damwildragout Försterart

500 bis 750 g Damwildfleisch,
1 Eßl. Butter,
2 Zwiebeln,
1 kleine Dose Tomatenmark,
150 g Champignons,
½ l Fleischbrühe,
10 Tropfen Tabasco,
Salz,
1 Glas Rotwein,
2 Wacholderbeeren,
Rosmarin,
1 Tasse süße Sahne,
3 Scheiben Ananas.

Fleisch in Würfel schneiden und in heißer Butter anbraten. Gewürfelte Zwiebel dazugeben und glasig dünsten. Mit Fleischbrühe ablöschen. Tomatenmark und Champignons zufügen. Mit Tabasco, Salz, Rotwein, Wacholderbeeren und Rosmarin würzen. In 40 bis 50 Minuten garschmoren. Zum Schluß Sahne und Ananasstücke unterheben. Nicht mehr kochen!

Damwildragout Elsässer Art

1 kg Damkalbfilet oder -rücken,
0,4 cl Kirschwasser oder Himbeergeist,
125 g Schinkenwürfel,
65 g Butter,
2 gehackte Zwiebeln,
½ l Rotwein,
2 Lorbeerblätter,

Filet enthäuten, in grobe Stücke schneiden und mit Kirschwasser oder Himbeergeist begießen. Zugedeckt etwa 30 Minuten ziehen lassen. Schinkenwürfel in Butter anbraten, Zwiebel dazugeben und goldbraun werden lassen. Die Fleischwürfel darin anbraten. Mit Rotwein ablöschen. Gewürze dazugeben und das Ganze 1 Stunde schmoren.

8 zerdrückte Wacholderbeeren,
½ Teel. Thymian,
40 g Butter,
50 g Mehl,
1 Glas Rotwein.

Aus Butter und Mehl eine dunkle Schwitze herstellen, mit Rotwein ablöschen, glattrühren und unter das Ragout mischen.

Damwildpfeffer

1 kg knochenfreies Kleinfleisch vom Damkalb,
Mehl, Salz,
Paprikapulver,
2 Zwiebeln,
1 Stange Porree,
1 Eßl. Butter,
¼ l Fleischbrühe,
4 Eßl. rohe Preiselbeeren,
½ Tasse halbierte, kernlose Hagebutten,
1 Tasse gedünstete Pfifferlinge,
1 Paprikaschote.

Fleisch in Würfel schneiden und in Mehl wenden. Mit Salz und Paprikapulver würzen. Zwiebeln und Porree in Ringe schneiden. Beides zusammen mit dem Fleisch in heißer Butter anbraten. Mit Fleischbrühe ablöschen. Preiselbeeren und Hagebutten zufügen. In 60 bis 75 Minuten garschmoren. Kurz vor Garende Pfifferlinge und in Streifen geschnittene Paprikaschote dazugeben. Abschmecken.

Schwarzwild

Wildschweinsalat „Rotkäppchen“

500 g Wildschweinbraten,
200 g Schattenmorellen,
Salz,
Zitronensaft,
Kognak,
Curaçao;
für die Soße:
2 Eßl. Senf,
2 Eßl. Johannisbeergelee,
⅛ l saure Sahne,
Salz;
zum Garnieren:
Salatblätter,
Maraschinokirschen.

Wildschweinbraten in feine Streifen schneiden. Abgetropfte Schattenmorellen hacken und dazugeben. Mit Salz, Zitronensaft, Kognak und Curaçao würzen. Die Zutaten für die Soße verrühren und unter den Salat heben. Auf Salatblättern anrichten und mit Maraschinokirschen garnieren.

Wildschweinsalat mit Pfifferlingen

400 g Wildschweinbratenreste,
250 g Pfifferlinge (aus der Dose);
für die Marinade:
2 Eßl. Öl,

Fleisch in Würfel schneiden und mit abgetropften Pfifferlingen mischen. Die Zutaten für die Marinade verrühren und unter den Salat heben. 30 Minuten durchziehen lassen. Mit geachteltem Ei und Weintrauben garnieren.

2 Eßl. Essig,
2 Eßl. Pilzsaft,
Salz,
Tabasco,
1 Eßl. gehackte Petersilie;
zum Garnieren:
1 hartgekochtes Ei,
Weintrauben.

Wildschwein in der Schwarzbrotsuhle

1,5 kg Wildschweinkeule;
für die Marinade:
⅛ l Rotwein,
½ l Wasser,
⅛ l Weinessig,
1 Zwiebel,
3 Nelken,
1 Lorbeerblatt,
Pfefferkörner,
10 Wacholderbeeren;
zum Braten:
Salz,
Pfeffer,
2 Eßl. Butter,
100 g geräucherter Speck,
1 Stück Sellerie,
1 Petersilienwurzel,
1 Stange Porree,
1 Möhre,
1 Tomate,
3 Scheiben Schwarzbrot (oder Pumpernickel),
1 Brühwürfel,
etwas Speisestärke,
1 Becher saure Sahne,
1–2 Eßl. Rübenkraut.

Die Zutaten für die Marinade verrühren. Das Fleisch darin 3 Tage beizen. Dabei täglich wenden. Dann das abgetrocknete Fleisch mit Salz und Pfeffer einreiben. Speck in heißer Butter auslassen. Das Fleisch darin ringsum anbraten. Das in Würfel geschnittene Gemüse, zerbröckeltes Schwarzbrot und Brühwürfel dazugeben. Mit Marinade ablöschen. Den Braten 2 Stunden garen. Fleisch herausnehmen und warmstellen. Soße durchsieben und mit Speisestärke andicken. Mit saurer Sahne und Rübenkraut abschmecken.

Tip: Achten Sie darauf, daß das Fleisch langsam gart. Durch das Schwarzbrot brennt es leicht an.

Noch feiner schmeckt dieser Braten, wenn Sie die Schwarzbrotsuhle so zubereiten: 50 g geschmolzene Butter mit 150 g geriebenem Schwarzbrot, 25 g Zucker, etwas Nelkenpulver, Zimt, Rotwein und Johannisbeergelee vermischen, die Paste fingerdick auf den gegarten Braten streichen und diesen bei 220 °C im Backofen überbacken.

Gerollter Wildschweinbraten

1 kg Wildschweinkeule,
Salz,
Senf,
80 g Speck,
1 Zwiebel,
1 Bund Petersilie,
30 g Semmelbrösel,
1 Ei,
Rotwein,
4 Wacholderbeeren,
2 Nelken,
50 g Schweineschmalz,
50 g Butter,
2 Eßl. Tomatenmark,
½ l Wasser oder Fleischbrühe,
1½ Teel. Speisestärke.

Die Keule so auseinanderschneiden, daß sie an einer Seite noch zusammenhängt. Die Innenflächen salzen und mit Senf bestreichen. Speck, Zwiebeln und Petersilie fein zerkleinern, mit Semmelbröseln, Ei, Rotwein und Gewürzen verrühren. Diese Masse auf das Fleisch streichen. Aufrollen und zubinden. Das Fleisch in heißem Schmalz anbraten. Mit flüssiger Butter begießen. Tomatenmark zufügen. Mit heißem Wasser oder heißer Fleischbrühe ablöschen. Zugedeckt garschmoren. Nachher die Soße mit Speisestärke andicken.

Gefüllte Wildschweinkeule

1 kg Wildschweinfleisch aus der Keule,
1 Teel. Salz,
½ Teel. Oregano,
je ¼ Teel. Thymian und Pfeffer,
1 Teel. Paprikapulver edelsüß,
80 g durchwachsener Räucherspeck,
1 Zwiebel,
100 g Champignons,
1 Eßl. Semmelbrösel,
1 Ei,
1 Eßl. gehackte Petersilie,
¼ Teel. Salz,
1 Prise Cayennepfeffer,
150 g dünne Speckscheiben,
je ⅛ l Rotwein und Fleischbrühe.

Das Wildschweinfleisch von allen Hautresten befreien und so einschneiden, daß eine möglichst flache Fleischplatte entsteht. Fleisch mit den Gewürzen kräftig abreiben. Speck fein würfeln, auslassen und darin die Zwiebelwürfel anbraten. Grob gehackte Champignons zugeben und bei Mittelhitze 10 Minuten dünsten. Von der Platte nehmen. Semmelbrösel, Ei, Petersilie und Pfeffer zugeben, gut durchrühren. Damit das Fleisch bestreichen, aufrollen, mit einem Baumwollfaden zusammenbinden. Mit Speckscheiben umwickeln; im Backofen garen. Zwischendurch mit Fleischbrühe und Rotwein begießen.

Wildschweinkeule mit Sauerkraut

1 kg Wildschweinkeule (ohne Knochen),
1 l Buttermilch,
Salz,
Pfeffer,
Wildgewürz,
40 g Bratfett,
⅛ l Rotwein,
2 Lorbeerblätter,
125 g Zwiebeln,
1 Apfel,
750 g Sauerkraut,
75 g Rosinen,
¼ l Apfelsaft,
Zucker,
⅛ l Sahne,
20 g Mehl,
1 Eßl. Würzextrakt.

Fleisch 24 Stunden in Buttermilch legen; zwischendurch einmal wenden. Danach abtrocknen und mit Gewürzen gut einreiben. Das Fleisch in einen Bratentopf legen und mit 20 g verflüssigtem Bratfett übergießen. Rotwein, Lorbeerblätter und 4 Eßl. Wasser dazugeben. Im geschlossenen Topf im Backofen bei 250 °C etwa 2 Stunden schmoren lassen.

Sauerkraut mit Zwiebel- und Apfelwürfeln in 20 g Bratfett anbraten, Rosinen dazugeben. Mit Apfelsaft ablöschen. Mit Zucker und Salz würzen. 30 Minuten schmoren lassen.

Das gegarte Fleisch warmstellen. Den Fond mit ⅛ l Wasser auffüllen. Mit Mehl und Sahne binden. Mit Würzextrakt, Salz, Zucker und Pfeffer herzhaft abschmecken. Soße und Sauerkraut zur Wildschweinkeule servieren.

Frischlingsrücken mit Ananas

750 g ausgelöster Frischlingsrücken,
1 Teel. grob gemahlener schwarzer Pfeffer,
4 Eßl. Öl,
4 Lorbeerblätter,
Salz,
1 Dose Ananas (in Scheiben),
20 g Butter,
¼ l Wasser,
100 g Crème fraîche,
3 Eßl. Hagebuttenmark,
etwas Sherry oder Himbeeressig.

Den Frischlingsrücken, wenn nötig, häuten. Abreiben. Zuerst den Pfeffer, dann das Öl in das Fleisch einmassieren. 2 Lorbeerblätter in einen Topf geben, das Fleisch darauflegen, mit restlichen Lorbeerblättern belegen. Mit Alufolie bedecken und an einem kühlen Ort 24 Stunden durchziehen lassen. Dann Lorbeerblätter entfernen, das Fleisch mit etwas Salz einreiben und im Backofen bei 220 °C etwa 45 Minuten garen. Das Fleisch soll nicht ganz durchgegart werden. Herausnehmen und warmstellen.

Abgetropfte Ananasscheiben mit Butter andünsten und herausnehmen; ebenfalls warmstellen. Bratenfond mit Wasser loskochen, mit Crème fraîche zum Ananasfond geben. Eventuell mit etwas Saft auffüllen. Sämig einkochen lassen. Dann erst das Hagebuttenmark dazugeben. Die Soße mit Salz, Pfeffer und Sherry oder Himbeeressig abschmecken. Das Fleisch in Scheiben schneiden und mit Ananasscheiben dazwischen auf einer Platte anrichten.

Frischlingskeule mit Backpflaumen

1 Frischlingskeule (1,5 kg),
Salz,
Pfeffer,
Schweineschmalz,
einige Pimentkörner,
1 l Wildfond (aus Knochen und Suppengrün gekocht),
½ l dunkles Bier,
500 g entsteinte Backpflaumen,
1 Becher (100 g) Crème fraîche.

Frischlingskeule mit Salz und Pfeffer einreiben. In heißem Schmalz anbraten. Zerdrückte Pimentkörner und durchgesiebten Wildfond dazugeben. Im Backofen bei 220 °C 1 Stunde braten. Nach 20 Minuten das Bier, nach weiteren 20 Minuten die Pflaumen zufügen. Das gegarte Fleisch aus dem Topf nehmen und warmstellen. Crème fraîche in den Bratenfond rühren, etwas einkochen lassen, dann salzen und pfeffern. Die Soße separat zur Keule servieren.

Tip: Dazu schmecken mit Preiselbeeren gefüllte Schmoräpfel, Rotkohl und Kartoffelklöße.

Wildschweinbraten „Gourmet"

1 kg Wildschweinkeule oder -rücken,
Salz,
Pfeffer,
50 g Bratfett,
1 Bund Suppengrün,
1 Zwiebel,
1 Knoblauchzehe,
1 Lorbeerblatt,
¼ l Fleischbrühe,
¼ l Rotwein,
1 Eßl. Preiselbeeren,
1 Eßl. mittelscharfer Senf,
Saft von ½ Zitrone,
100 g gepökelte Rinderzunge,
1 Gewürzgurke,
100 g Mischpilze.

Fleisch mit Salz und Pfeffer einreiben. In heißem Fett anbraten. Zerkleinertes Suppengrün, gewürfelte Zwiebel, Lorbeerblatt und zerdrückte Knoblauchzehe dazugeben. Mit Fleischbrühe und Rotwein ablöschen. Den Braten im Backofen bei 200 °C etwa 1½ Stunden schmoren. Herausnehmen und warm stellen. Bratenfond mit Gemüse pürieren. Preiselbeeren, Senf und Zitronensaft dazugeben. Gut durchrühren. Zuletzt die in Streifen geschnittene Zunge, die gewürfelte Gurke und die gut abgetropften Pilze in die Soße rühren.

Wildschweinbraten mit Walnußsoße

1,5 kg Wildschweinrücken,
1 Teel. Salz,
1 Teel. Paprikapulver

Fleisch mit Salz und Paprikapulver einreiben. Mit Speckscheiben bedecken. Nelken hineinstecken. Braten mit Öl in die Fettpfanne geben und bei 200 °C im Backofen 1¾ Stunden garen, dann für

edelsüß,
150 g durchwachsener Speck,
10 Nelken,
1 Tasse Öl,
10 Wacholderbeeren;
für die Soße:
1 Becher süße Sahne,
2 Eßl. saure Sahne,
⅛ l Weißwein mit Apfelsaft gemischt,
1 Schuß Sherry,
1 Brühwürfel,
1 Eßl. Hagebutten-konfitüre,
1 Teel. Preiselbeeren,
1 Eßl. gehackte Walnüsse,
Pfeffer,
etwas Speisestärke.

45 Minuten Temperatur auf 225 °C erhöhen. Das Fleisch zwischendurch mit Bratenfond begießen. Nach dem Braten den Fond mit Wein-Apfelsaftgemisch loskochen. Die übrigen Zutaten dazugeben. Mit Speisestärke andicken.

Tip: Servieren Sie diesen Braten mit gedünsteten Backpflaumen, Rosenkohl und Kroketten.

Wildschweinbraten mit Rumtopfsoße

1–1½ kg Wildschweinrücken oder -keule,
10 Wacholderbeeren,
1 gestrichener Teel. Salz,
2 gestrichene Teel. Paprikapulver edelsüß,
150 g durchwachsener Speck,
10 Gewürznelken,
1 Tasse Öl;
für die Soße:
1 gestrichener Eßl. Mehl,
¼ l Rumtopfflüssigkeit,
6 Eßl. Rumtopffrüchte,
¼ l Bouillion,
1 Prise Salz.

Das Fleisch waschen, abtrocknen, von Sehnen befreien, mit Salz und Paprikapulver einreiben. Speck in dünne Scheiben schneiden und rings um das Fleisch legen. Wacholderbeeren mit etwas Wasser bedecken und 5 Minuten quellen lassen.

Die Fettpfanne des Backofens mit Öl auspinseln, das Fleisch mit den Nelken und Wacholderbeeren hineinlegen. Bei 200 °C etwa 45 bis 50 Minuten braten.

Den fertigen Braten aus der Pfanne nehmen und warmstellen. Den Fond mit Bouillon loskochen, die mit Mehl verquirlte Rumtopfflüssigkeit einrühren und das Ganze etwas eindicken lassen. Rumtopffrüchte dazugeben. Nochmal aufkochen lassen. Mit Salz abschmecken. Die Soße zum Braten servieren.

Wildschweinrücken mit Hagebuttensoße

1 kg Wildschweinrücken (ohne Knochen),
1 Eßl. Senf,
je 1 Teel. Salz und Pfeffer,
2 Eßl. Schmalz;
für die Soße:
4 Eßl. Orangensaft,
Orangenschale,
250 g Hagebuttenkonfitüre,
1 Eßl. Zitronensaft,
2 cl Kognak,
Pfeffer.

Senf, Salz und Pfeffer verrühren und den Wildschweinrücken damit gut einreiben. Würzung 2 Stunden einwirken lassen. Dann das Fleisch im heißen Schmalz von allen Seiten gut anbraten; mit etwas Wasser ablöschen und etwa 1½ Stunden im Backofen garen.

Für die Soße in Streifen geschnittene Orangenschale in 2 Eßl. Orangensaft weichdünsten. Hagebuttenkonfitüre mit dem restlichen Orangensaft, Zitronensaft und Orangenschalenstreifen verrühren und erhitzen. Mit Kognak und Pfeffer abschmecken. Heiß zum Wildschweinrücken servieren.

Wildschweinkoteletts mit Obstreis

4 Wildschweinkoteletts,
2 Eßl. Senf,
Koriander,
1 Eßl. Öl,
200 g Backobst,
50 g durchwachsener Speck,
250 g Langkornreis,
Salz,
abgeriebene Zitronenschale.

Das Backobst in Streifen schneiden, Speck fein würfeln und auslassen. Reis und Backobst dazugeben. ½ l Wasser dazugießen, salzen und 15 Minuten quellen lassen. Mit Zitronenschale abschmecken.

Koteletts waschen und abtrocknen, mit Senf einreiben und mit Koriander bestreuen. In Öl bei milder Hitze von jeder Seite 7 Minuten braten. Koteletts zum Obstreis servieren.

Wildschweinkotelett in Ginsoße

4 Wildschweinkoteletts,
1 Glas Gin,
Salz,
Pfeffer,
2 Eßl. Öl,
1 Teel. zerdrückte Wacholderbeeren,
200 g süße Sahne,
1 Teel. Sojasoße.

Koteletts in Gin und Pfeffer marinieren. Herausnehmen, trockentupfen und in heißem Öl kräftig anbraten. Von jeder Seite 5 Minuten weiterbraten. Salzen, pfeffern und warmstellen. Ginmarinade mit Wacholderbeeren und Sahne in den Bratenfond geben. 5 Minuten kochenlassen, so daß die Soße cremig ist. Mit Sojasoße und Salz abschmecken. Koteletts in die Soße legen und 5 Minuten ziehen lassen.

Deftiger Wildschweintopf

600 g Wildschweinbauch,
Salz, Pfeffer,
Bratfett,
1 Zwiebel,
2 Möhren,
1 Stange Porree,
je 1 rote und grüne Paprikaschote,
1 Rettich,
1 Dose geschälte Tomaten,
¼ l Rotwein,
½ l Wild- oder Fleischbrühe,
2 Knoblauchzehen,
1 Eßl. Paprikapulver,
je 1 Teel. Curry und Majoran,
1 Becher Crème fraîche,
1 Bund Schnittlauch.

Wildschweinbauch in Stücke schneiden, kräftig salzen und pfeffern, in heißem Fett anbraten. Das geputzte, in Streifen geschnittene Gemüse dazugeben und kurz mitandünsten. Rettich in feine Scheiben schneiden und zusammen mit den Tomaten in den Eintopf geben. Mit Rotwein und Brühe auffüllen. Mit zerdrückter Knoblauchzehe, Paprikapulver, Curry und Majoran würzen. Bei mittlerer Hitze 70–80 Minuten kochen lassen. Abschmecken. Crème fraîche auf den Eintopf geben und mit Schnittlauchröllchen bestreut servieren.

Wildschweinleberwurst

1,5 kg Wildschweinbauch,
400 g Schweineschwarte,
2 Zwiebeln,
½ Tasse Essig,
Salz, Pfeffer,
Wacholderbeeren,
5 eingeweichte Brötchen,
2 Knoblauchzehen,
600 g Wildschweinleber,
1 Bund Petersilie,
3 Eßl. Majoran,
1 Eßl. Thymian,
3 Eßl. abgeriebene Zitronenschale,
1 Teel. Maggi.

Schweinebauch und -schwarte mit Zwiebeln, Essig, Salz, Pfeffer und Wacholderbeeren in reichlich Wasser garkochen. Bauch und Schwarte mit Leber, eingeweichten Brötchen, Knoblauchzehen, Zwiebeln und Petersilie durch den Fleischwolf drehen. Mit den Gewürzen kräftig abschmecken. Die Masse in Bratwurstdärme füllen und die Würste zubinden. In heißem Wasser 10–15 Minuten ziehen lassen.

Tip: Servieren Sie diese Leberwurst in Butter goldgelb gebraten.

Wildschweinleber-Ragout

1 Wildschweinleber,
Mehl,
Bratfett,
1 Tasse Rotwein,
1 Dose Ananas,
Salz,
Pfeffer,
1 Dose Pfifferlinge,
4–5 Zwiebeln.

Leber in Würfel schneiden, mit Mehl bestäuben und in heißem Fett kräftig anbraten. Mit Rotwein und Ananassaft ablöschen. Salzen und pfeffern. Pfifferlinge und gewürfelte Zwiebeln in einer zweiten Pfanne in heißem Fett andünsten. Zusammen mit den Ananasstücken zur Leber geben. 15 Minuten schmoren lassen.

Tip: Dazu passen süß-saure Kartoffeln und ein frischer Salat

Wildschweingulasch mit Sauerkirschen

1 kg Wildschweinfleisch,
50 g Butter,
150 g Zwiebeln,
½ l Rotwein,
1 Lorbeerblatt,
1 Teel. Rosmarin,
einige Wacholderbeeren,
je 1 Tasse Sauerkirschen und Pfifferlinge,
Speisestärke,
1 Eßl. Preiselbeeren,
2 halbe Pfirsiche.

Wildschweinfleisch würfeln und in heißer Butter anbraten. Gewürfelte Zwiebeln dazugeben und mitdünsten. Mit Rotwein ablöschen und würzen. Bei schwacher Hitze 1 Stunde schmoren. Sauerkirschen und Pfifferlinge 10 Minuten mitkochen lassen. Mit angerührter Speisestärke andicken. Zuletzt Preiselbeeren und in Spalten geschnittene Pfirsiche zufügen.

Tip: Sie können für dieses Gulasch auch Reh- oder Hirschfleisch verwenden.

Hase

Hasenpfeffersuppe

Kleinteile von 1 Hasen
(Brust- und Bauchfleisch,
Vorderläufe, Hals,
Herz, Leber),
100 g Speck,
1 l Fleischbrühe,
2 Zwiebeln,
Salz,
Pfefferkörner,
3 Wacholderbeeren,
2 Lorbeerblätter;
für die Soße:
50 g Butter,
4 Eßl. Mehl,
Hasenbrühe,
¼ l Rotwein,
125 g Rosinen,
Salz, Pfeffer,
Madeira,
Tabasco,
Worcestersoße,
2 Eßl. Essig,
1 Teel. Zucker,
1 Eßl. Johannisbeergelee,
saure Sahne.

Speck würfeln und ausbraten. Gebeiztes Hasenfleisch darin anbraten. Gewürfelte Zwiebeln zufügen und mitandünsten. Würzen. Mit Fleischbrühe aufgießen und 1½ Stunden kochen lassen. Fleisch herausnehmen, von den Knochen lösen und in kleine Würfel schneiden. Brühe durchsieben.

Für die Soße Mehl in heißer Butter anschwitzen. Mit Brühe und Rotwein ablöschen. Mit den Gewürzen und Rosinen süß-sauer abschmecken. Fleisch in die Suppe geben. Auf Tassen verteilen und ein Häubchen saure Sahne obenauf setzen.

Hasensuppe

500 g Hasenfleisch (ohne Knochen),
4 Eßl. Butter,
1 Zwiebel,
1 Bund Schnittlauch,
1 Möhre,
1 Stück Sellerieknolle,
2–3 Eßl. Mehl,
1 Tasse Rotwein,
½ l Fleischbrühe,
Saft von 2 Orangen,
1 Eßl. mittelscharfer Senf,
3 Eßl. Orangenmarmelade,
einige Tropfen Worcestersoße,
1 Becher Crème fraîche,
Salz, Pfeffer,
1 Schuß Orangenlikör,
1 Bund Zitronenmelisse.

Hasenfleisch in Würfel schneiden und in heißer Butter anbraten. Kleingeschnittenes Gemüse dazugeben und mitandünsten. Mit Mehl bestäuben, kurz anrösten. Mit Fleischbrühe und Rotwein ablöschen. Mit Orangensaft und -marmelade, Senf und Worcestersoße würzen. Bei mittlerer Hitze 30–35 Minuten kochen lassen. Crème fraîche unterheben. Mit Salz, Pfeffer und Orangenlikör abschmecken. Mit gehackter Zitronenmelisse bestreut servieren.

Sahnehase in Weinsoße

1 Hase,
1 l saure Sahne,
Rosmarinpulver,
125 g fetter Speck,
30 g Bratfett,
1 Bund Suppengemüse,
2 große Zwiebeln,
¼ l Brühe,
Wacholderbeeren,
Salz,
Pfeffer,
Estragon,
3 Eßl. Mehl,
¼ l Weißwein,
1 Prise Zucker,
2 Eßl. gehackte Petersilie.

Den gehäuteten Hasen waschen, trockentupfen, in 6 Stücke schneiden, mit saurer Sahne übergießen und zugedeckt über Nacht an einem kühlen Ort stehen lassen. Am nächsten Tag Hasenteile aus der Beize nehmen, gut abtrocknen und kräftig mit Rosmarin einreiben. Speck in ganz dünne Scheiben schneiden und die Hasenteile damit umwickeln.

Kleingeschnittenes Suppengemüse und feingehackte Zwiebeln in heißem Fett andünsten. Hasenteile darauflegen. Die Hälfte der Sahnebeize und die Brühe zufügen. Würzen. Im offenen Topf bei 220 °C im Backofen 10 Minuten garen. Dann Hitze auf 200 °C reduzieren. Hasen noch 60 Minuten zugedeckt schmoren lassen. Das Fleisch herausnehmen. Bratenfond mit Wein loskochen. Mit Mehl andicken. Mit Zucker abschmecken. Petersilie in die Soße rühren.

Hasenrücken in Wacholdersahne

1 Hasenrücken,
½ l Buttermilch,
50 g fetter Speck,
1 Tasse gewürfelte Zwiebeln,
Wildgewürz,
Salz, Pfeffer,
Paprikapulver,
¼ l Fleischbrühe,
10 Wacholderbeeren,
1 Tasse saure Sahne,
2 Eßl. Tomatenmark,
4 Eßl. Johannisbeergelee,
½ Teel. Zucker.

Hasenrücken in Buttermilch beizen. Herausnehmen und abtrocknen. Speck ausbraten. Hasenrücken darin anbraten. Zwiebeln dazugeben. Gut würzen. Mit Fleischbrühe ablöschen. Wacholderbeeren zufügen. 45 Minuten garen. Kurz vor Ende der Garzeit saure Sahne, Tomatenmark, Zucker und Johannisbeergelee unterrühren. Hasenrücken auf einer Platte anrichten und mit der durchgesiebten Soße begießen.

Gespickter Hasenrücken mit Apfel-Preiselbeer-Soße

2 bereits gespickte Hasenrücken (à 600 g),
Salz,
frisch gemahlener Pfeffer,
Thymian,
10 Wacholderbeeren,
2–4 Knoblauchzehen (je nach Größe und Geschmack),
2 mittelgroße Zwiebeln,
80 g Öl;
für die Soße:
500 g geschälte und vom Kerngehäuse befreite Äpfel,
15 g Butter,
2 Eßl. Zucker,
⅛ l lieblicher Weißwein,
1 Stück abgetropfter Ingwer in Sirup,
je 1 Eßl. scharfer Senf und Tomatenketchup,
4 Eßl. Preiselbeeren,
Salz,
⅛ l Sahne.

Hasenrücken mit Salz, Pfeffer und Thymian würzen. Wacholderbeeren und geschälte Knoblauchzehen zerdrücken, beides auf dem Fleisch verteilen. Zwiebeln schälen, vierteln. Die Hälfte des Öls in einem großen Bräter erhitzen und die Zwiebeln darin andünsten. Hasenrücken darauflegen und das restliche Öl zugeben. Im Backofen bei 220 °C etwa 40 Minuten braten. Zwischendurch immer wieder mit Fett beschöpfen.

Für die Soße Äpfel vierteln und kleinschneiden. Butter mit Zucker in einem Topf erhitzen. Äpfel darin kurz andünsten, mit Wein aufgießen und gardünsten. Die Apfelstücke durch ein feines Sieb streichen. Ingwer sehr fein hacken und dazugeben. Preiselbeeren im Mixer pürieren; zusammen mit Senf und Tomatenketchup zur Apfelsoße geben. Mit Salz abschmecken. Eventuell nochmal erhitzen. Die Sahne unterziehen.

Hasenrücken im Speckwickel

2 Hasenrücken,
Butter,
200 g Schweinenacken,
250 g durchwachsener Speck,
2 Eier,
¼ l süße Sahne,
100 g Pfifferlinge,
1 Bund Petersilie,
1 Gläschen Kognak,
Salz,
Pfeffer,
Thymian,
Estragon;
für die Soße:
½ l Fleischbrühe,
¼ l Rotwein,
je 1 Prise Salz, Pfeffer, Thymian und Estragon,
Speisestärke.

Die Filets aus dem Hasenrücken trennen und in heißer Butter von jeder Seite 1 Minute braten. Aus der Pfanne nehmen, salzen und pfeffern und kaltstellen.

Das restliche Wildbret von den Knochen lösen und mit Schweinenacken durch den Fleischwolf drehen. Mit Eiern, gehackter Petersilie und kleingeschnittenen Pfifferlingen verkneten. Sahne, Kognak und Gewürze untermischen. Den Speck in lange dünne Scheiben schneiden, ausrollen und nebeneinander auf ein Backblech legen. Speck mit dem Fleischteig bestreichen. Filets darin einwickeln. Zustecken. Die Speckwickel in eine Auflaufform legen und bei 180–200°C etwa 1 Stunde im Backofen garen.

Die restlichen Knochen und das Kleinfleisch mit Brühe, Rotwein, Salz, Pfeffer, Thymian und Estragon zu einem Sud einkochen. Mit Speisestärke andicken. Die Soße zu den Speckwickeln servieren.

Hasenrücken im Rotkohlmantel

2 Hasenrückenfilets,
1 kleiner Kopf Rotkohl,
Salzwasser,
250 g Champignons,
100 g gekochter Schinken,
1 Ei,
2 Eßl. süße Sahne,
Salz,
Pfeffer,
1 Gläschen Kognak,
1 Prise Muskat,
1 Eßl. gehackte Petersilie,
3 Eßl. Butter,
2 Tassen Rotwein,
2 Eßl. Preiselbeeren,
1 Päckchen Bratensoße.

Rotkohl in Salzwasser 5 Minuten blanchieren. Herausnehmen und die Blätter ablösen. Hasenfilets in heißer Butter von allen Seiten scharf anbraten.

Champignons blättrig schneiden, Schinken würfeln. Beides mit Sahne, Kognak, Ei, Salz, Pfeffer, Muskat und gehackter Petersilie mischen. Die Hälfte dieser Masse auf die Rotkohlblätter streichen. Hasenfilets darauflegen und mit der restlichen Masse bestreichen. Die Rouladen aufwikkeln und feststecken. In einen gefetteten Bratentopf legen. Heiße Bratensoße mit Rotwein und Preiselbeeren verrühren und über die Rouladen gießen. Bei 220°C im Backofen 30–40 Minuten garen.

Hasenrücken nach Weinbergart

Für die Beize:
1 Möhre,
1 Knoblauchzehe,
1 Bund Petersilie,
¼ l Weinessig
und Wasser,
½ Teel. getrockneter Thymian,
2 Lorbeerblätter,
½ Teel. Salz,
¼ Teel. grob gemahlener schwarzer Pfeffer;
1 Hasenrücken,
50 g Butter,
1 Teel. Paprikapulver edelsüß,
Salz, Pfeffer,
12 Weintrauben,
½ Becher Sahne,
¼ Teel. scharfer Senf.

Essig mit Wasser, dem geputzten und zerkleinerten Gemüse sowie den Gewürzen in einen großen Topf geben. Den Hasenrücken in die Beize legen. Zwei Tage darin belassen. Zwischendurch öfters wenden. Dann das Fleisch herausnehmen und gut trockentupfen.

Den Hasenrücken in heißer Butter anbraten. Mit Paprikapulver, Salz und Pfeffer würzen. Zugedeckt bei mittlerer Hitze 40 Minuten dünsten. Dann den Braten herausnehmen und warm stellen. Den Bratenfond mit Sahne verrühren. Mit Senf abschmecken. Weintrauben halbieren, entkernen und in die Soße geben. 5 Minuten bei ganz schwacher Hitze ziehen lassen. Die Soße über den Hasenrücken gießen.

Kalter Hasenrücken

1 großer Hasenrücken,
Salz,
Pfeffer,
Bratfett,
½ Glas schwarze Johannisbeerkonfitüre,
Saft von 1 Orange und ½ Zitrone,
2 Gläschen Kognak,
2 Teel. Senf,
1 Blatt Gelatine,
200 g Leberpastete;
zum Garnieren:
Mandarinen,
Kirschen,
6 Pfirsichhälften,
Salatblätter.

Hasenrücken mit Salz und Pfeffer einreiben. Im Backofen bei 200 °C etwa 40 Minuten garen. Erkalten lassen. Johannisbeerkonfitüre mit Orangen- und Zitronensaft, Kognak und Senf verrühren und erwärmen. Aufgelöste Gelatine dazugeben. Erstarren lassen.

Hasenfleisch von den Knochen lösen und schräg in Scheiben schneiden. Die Hälfte der Leberpastete auf das Knochengerüst streichen. Das Fleisch darauf anrichten. Restliche Leberpastete dekorativ daraufspritzen. Mit Mandarinen und Kirschen verzieren. Den Hasenrücken auf Salatblättern anrichten. Drumherum mit Johannisbeerkonfitüre gefüllte Pfirsichhälften setzen.

Hasenfilets mit Nelkenreis

Für den Reis:
1 Eßl. Butter,
6 Nelken,
2 Tassen Langkornreis,
4 Tassen Hühnerbrühe;
für die Soße:
4 cl Weißwein,
1 Teel. Essig,
6 Nelken,
3 Pfefferkörner,
2 Eigelb,
150 g zerlassene Butter,
Salz;
4 Hasenfilets,
2 Eßl. Butter,
Pfeffer,
Salz.

Für den Reis Butter zerlassen. Nelken darin kräftig anbraten. Reis dazugeben, mit Hühnerbrühe auffüllen und 15 Minuten ausquellen lassen.

Für die Soße Wein mit Essig, Nelken und Pfefferkörnern zum Kochen bringen und auf 3 Eßl. einkochen lassen. Durchsieben. Eigelb in die Soße rühren und bei ganz schwacher Hitze dicklich werden lassen. Tropfenweise flüssige Butter dazugeben. Mit Salz abschmecken.

Hasenfilets mit Pfeffer einreiben und in der restlichen Butter rundherum kräftig anbraten. Bei schwacher Hitze 4 Minuten ziehen lassen. Salzen.

Hasenfilet in Blätterteig

1 Hasenrücken,
je ½ Teel. gerebelter Thymian und Rosmarin,
1 Eßl. Zitronensaft,
2 Eßl. Öl,
Salz,
Pfeffer,
2 Eßl. Butter,
10 entsteinte Backpflaumen,
10 Champignons,
250 g feine Bratwurstmasse,
2 Eßl. Kognak,
1 Eßl. gehackte Pistazienkerne,
1 Paket Tiefkühl-Blätterteig,
1 Eigelb,
etwas Milch;
zum Garnieren:
Backpflaumen,
Pistazienkerne.

Filets aus dem Hasenrücken lösen, enthäuten, abspülen, trockentupfen und mit einer Mischung aus Zitronensaft, Thymian und Rosmarin einreiben. Mit Öl beträufeln und zugedeckt 24 Stunden im Kühlschrank marinieren. Filets aus der Marinade nehmen, trockentupfen, salzen und pfeffern und in heißer Butter ringsum anbraten. Erkalten lassen.

Backpflaumen in feine Würfel schneiden, 4 Pilze fein hacken. Beides mit Pistazien und Kognak unter die Bratwurstmasse kneten. Aufgetauten Blätterteig ausrollen. Die Hälfte der Bratwurstmasse in der Länge der Filets darauf streichen. Filets darauf legen. Restliche Champignons dazwischen setzen. Mit der restlichen Bratwurstmasse bestreichen. Teig aufrollen. Ränder gut festdrücken. Die Rolle auf ein kalt abgespültes Backblech legen. Mit Blätterteigresten garnieren. Teig einstechen. Mit verquirltem Eigelb und Milch bepinseln. Bei 220 °C etwa 35 Minuten backen. Die erkaltete Blätterteigrolle in Scheiben schneiden. Mit Backpflaumen und Pistazienkernen garnieren.

Tip: Servieren Sie dazu einen frischen Salat (z. B. Eisberg-Kiwi-Salat).

Hasenrouladen

1 Hasenrücken,
Salz,
2 Scheiben Speck,
Butter,
½ l Fleischbrühe,
1 Eßl. Speisestärke,
Salz,
Zucker,
Maggiwürze,
Dill,
1 Apfelsine,
Sauerkirschen.

Aus dem Hasenrücken die beiden Filets lösen, mit Salz einreiben, auf je 1 Speckscheibe legen, aufrollen und festbinden. Die Rouladen in heißer Butter goldbraun anbraten. Mit Fleischbrühe ablöschen. 30 Minuten schmoren lassen. Rouladen herausnehmen, Fäden entfernen und die Rollen schräg in Scheiben schneiden. Warmstellen. Bratenfond mit Speisestärke andicken. Mit Zucker und Maggiwürze abschmecken. Gehackten Dill zufügen. Soße getrennt zum Fleisch servieren. Letzteres mit Apfelsinenscheiben und Sauerkirschen garnieren.

Jägertopf mit Hasenkeulen

500 g Hasenkeulen (ohne Knochen),
1 l Buttermilch,
250 g Zwiebeln,
1 Stange Porree,
50 g durchwachsener Speck,
1 Eßl. Butter,
500 g Pfifferlinge,
250 g Möhren,
Salz,
Pfeffer,
¼ l Fleischbrühe,
1 Bund Petersilie.

Hasenkeulen enthäuten und 2 Tage in Buttermilch beizen. Herausnehmen, abtrocknen und in Würfel schneiden. Speck würfeln und in heißer Butter glasig dünsten. Hasenfleisch darin 10 Minuten anbraten. Gewürfelte Zwiebeln und Porreeringe zufügen und 5 Minuten mitdünsten. In eine gefettete Auflaufform zuerst Fleisch schichten, darauf Speck-Zwiebel-Porree-Gemisch, dann Pilze und in Scheiben geschnittene Möhren. Jede Schicht mit Salz und Pfeffer bestreuen. Mit Fleischbrühe übergießen und mit etwas Petersilie bestreuen. Die Form schließen und den Jägertopf bei 200°C im Backofen 5 Minuten garen. Mit restlicher Petersilie bestreut servieren.

Tip: Verfeinern Sie den Jägertopf, indem Sie nach der halben Garzeit einen Schuß Rotwein zufügen. Besonders raffiniert schmeckt es, wenn der Wein mit Glühweingewürz erhitzt worden ist.

Flambierte Hasenkeulen

4 Hasenkeulen,
Salz,
Pfeffer,
Wacholderbeeren,
3 Zwiebeln,
100 g durchwachsener Speck,
30 g Butter,
½ l kräftiger Rotwein,
1–2 Teel. Fleischextrakt,
2 Lorbeerblätter,
etwas Piment,
Fleischbrühe,
1 Becher Crème fraîche,
Salz,
Worcestersoße,
150 g Pfifferlinge,
1 Zwiebel,
20 g Butter,
Salz,
2 Gläschen Kognak,
etwas Petersilie.

Hasenkeulen mit Salz, Pfeffer und zerdrückten Wacholderbeeren einreiben. Zwiebeln und Speck in feine Würfel schneiden. Butter im Schmortopf erhitzen und das Fleisch darin bei schwacher Hitze von allen Seiten anbraten. Zwiebeln und Speck dazugeben und kurz miterhitzen. Rotwein, Fleischextrakt, Lorbeerblätter und Piment dazugeben. Fleisch garschmoren lassen. Verdampfte Flüssigkeit eventuell durch Fleischbrühe ersetzen. Die ganzen Hasenkeulen auf einer Platte warmstellen.

Crème fraîche in den Bratenfond rühren und kurz aufkochen lassen. Die Soße mit Salz, Pfeffer und Worcestersoße abschmecken, eventuell noch etwas binden. Soße über das Fleisch gießen.

Zwiebeln fein würfelig schneiden und in zerlassener Butter andünsten. Abgetropfte Pfifferlinge dazugeben. Mit Salz und Pfeffer würzen, Kognak zugießen, anzünden. Das Ganze brennend über die Hasenkeulen geben. Mit gehackter Petersilie bestreut servieren.

Hasenpastete im Blätterteigmantel

1 Packung tiefgekühlter Blätterteig,
300 g Hasenrücken,
250 g mageres Schweinefleisch,
100 g geräucherter fetter Speck,
1 Zwiebel,
Salz,
Pfeffer,
1 Teel. Oregano,
3 Eßl. Madeira,
1 Bund Petersilie,
3 Eßl. saure Sahne,
3 Geflügellebern,
250 g Champignons,
40 g Butter.

Blätterteig auftauen. Hasen- und Schweinefleisch in kleine Würfel schneiden, Speck fein würfeln und ausbraten. Hasen- und Schweinefleisch darin 15 Minuten anbraten. Mit der geschälten Zwiebel zweimal durch den Fleischwolf drehen. Feingehackte Petersilie, Salz, Pfeffer, Oregano, Madeira und Sahne mit dem Fleischteig verkneten. Leber in Würfel schneiden, Champignons in Scheiben. Beides in heißer Butter andünsten. Salzen und pfeffern.

Eine Kastenform mit Alufolie auslegen und kalt ausspülen. Blätterteig ½ cm dick ausrollen und mit ⅔ davon die Form auskleiden. Abwechselnd Pastetenfarce und Leber-Pilz-Mischung einschichten. Die letzte Schicht ist Pastetenmasse.

Restlichen Teig als Deckel darauflegen. Löcher hineinstechen, damit Dampf entweichen kann. Die Pastete bei 200 °C im Backofen 35 Minuten garen. Danach auf eine Platte stürzen und auskühlen lassen.

Tip: Servieren Sie dazu Apfel-Preiselbeersoße.

Hasenpastete

1 gebratener Hase,
750 g Schweineleber,
1 kg fetter Speck,
1 Bund Petersilie,
Salz,
Pfeffer,
2 Eigelb,
1 Zwiebel,
Butter,
getrocknete Champignons und Trüffeln nach Geschmack,
etwas Brühe.

Das Fleisch von den Knochen lösen und zusammen mit der rohen Leber durch den Fleischwolf drehen. Speck in dünne Scheiben schneiden und eine Pastetenform damit auslegen. Restlichen Speck fein würfeln. Hasenfleisch mit Schweineleber, Speckwürfeln, gehackter Petersilie, Salz, Pfeffer, Eigelb und in Butter angedünsteten Zwiebelwürfeln zu einem glatten Teig verarbeiten. In Brühe eingeweichte gehackte Pilze und Trüffeln dazugeben. Die Pastete in die Form füllen und im Wasserbad 2½ Stunden garen.

Tip: Statt getrockneter Champignons können Sie auch frische nehmen.

Überbackene Hasenleber

250 g Nudeln,
Salzwasser,
2 Hasenlebern,
150 g Speck,
200 g Zwiebeln,
3 säuerliche Äpfel,
⅛ l saure Sahne,
Salz,
Cayennepfefffer,
geriebener Käse.

Nudeln in Salzwasser 10 Minuten kochen. Speck würfeln und ausbraten. In Ringe geschnittene Zwiebeln darin andünsten. Leber in Streifen schneiden und dazugeben. Kurz mitbraten. Äpfel schälen, vierteln, entkernen und mit der Leber durchschmoren. Sahne unterrühren. Würzen.

Abgetropfte Nudeln in eine gefettete Auflaufform schichten, Leber-Apfelgemisch darauf verteilen. Mit Käse bestreuen und bei 225 °C 30 Minuten überbacken.

Tip: Servieren Sie dazu Apfelkompott, Preiselbeeren oder eingelegten Kürbis.

Hasengulasch

600 g Hasenfleisch
Schulter und Rücken),
Salz,
50 g geräucherter
Speck,
2 Eßl. Öl,
6 Zwiebeln,
½ l Fleischbrühe,
½ Teel. Senf,
1 Teel. Zitronensaft,
1 Prise Zucker,
150 g Pfifferlinge,
8 Eßl. süße Sahne,
½ Eßl. Speisestärke;
für die Marinade:
¾ l Rotwein,
1 Zwiebel (in
Ringe geschnitten),
1 Stange Stauden-
sellerie,
1 kleine gewürfelte
Sellerieknolle,
1 Möhre,
1 Stange Porree,
3 Nelken,
1 Lorbeerblatt,
8 Pfefferkörner,
1 Bund Petersilie.

Die Zutaten zu einer Marinade verrühren. Das in Würfel geschnittene Fleisch darin 2 Tage beizen. Speck würfeln und in heißem Öl ausbraten. Speckwürfel aus der Pfanne nehmen. Fleisch aus der Beize nehmen, abtrocknen, salzen und in heißem Fett anbraten. Kleingewürfelte Zwiebeln mitdünsten. Mit Marinade und Fleischbrühe ablöschen. Gewürze und Pfifferlinge zufügen. 60 Minuten schmoren lassen. Zuletzt Speckwürfel ins Gulasch geben. Mit Sahne und Speisestärke binden.

Hasengulasch mit Früchten

600 g Hasenfleisch,
Salz,
Pfeffer,
1 Zwiebel,
40 g Butter,
4 Wacholderbeeren,
¼ l Weißwein,
1 Becher süße Sahne,
½ Bund Petersilie,
1 Glas Preiselbeer-
kompott,
8 Birnenhälften
aus dem Glas.

Fleisch in Würfel schneiden. In heißem Fett anbraten. Herausnehmen und warm stellen. Gewürfelte Zwiebel mit zerstoßenen Wacholderbeeren in dem Fett dünsten. Mit Wein und Sahne ablöschen. Fleisch dazugeben. Mit Salz und Pfeffer würzen. Garkochen. Gulasch auf einer Platte anrichten, mit gehackter Petersilie bestreuen und rumherum die mit Preiselbeeren gefüllten Birnen garnieren.

Hasenpfeffer

1,5 kg Hasenfleisch,
Salzwasser,
2 Lorbeerblätter,
2 Gewürznelken,
6 Zwiebeln,
300 g geräucherter Speck,
½ Flasche Rotwein,
Salz,
Pfeffer,
Paprikapulver edelsüß,
1 Prise Zucker,
2 Eßl. Speisestärke,
Johannisbeergelee.

Hasenfleisch knapp bedeckt mit Salzwasser, mit Lorbeerblättern, Nelken und 2 Zwiebeln 1 Stunde kochen. Fleisch herausnehmen und in Würfel schneiden. Speck und restliche Zwiebeln würfeln. Speck ausbraten. Zwiebeln darin glasig dünsten. Fleisch dazugeben. Unter Rühren bräunen. Mit Rotwein ablöschen. Mit Salz, Pfeffer, Paprikapulver und Zucker würzen. Bei mittlerer Hitze garen. Mit Speisestärke andicken und mit Johannisbeergelee abschmecken.

Tip: Westfälisch wird der Hasenpfeffer aus folgenden Zutaten hergestellt: 1 Hase, 2 Tassen Fleischbrühe, 125 g Speck, 2 Zwiebeln, Salz, Pfeffer, Rosmarin, 2 Nelken, 20 Pfefferkörner, 10 zerdrückte Wacholderbeeren, 1 Lorbeerblatt, 1 Tasse Rotwein, ⅛ l süße Sahne, Saft von ½ Zitrone, 2 Eßl. Pflaumenmus.

Hasenpfeffer Badische Art

1 küchenfertiger Hase (2 kg);
für die Beize:
150 g Zwiebeln,
80 g Möhren,
8 schwarze Pfefferkörner,
je ¼ l roter Weinessig und Rotwein,
1 cl Weinbrand;
zum Braten:
200 g geräucherter durchwachsener Speck,
100 g Zwiebeln,
1 Bund Suppengrün,
⅜ l heiße Fleischbrühe,
50 g Honigkuchen,
4 Eßl. Beize,
2 Eßl. Johannisbeergelee.

Den Hasen in 8–10 Teile schneiden und mit Zwiebel- und Möhrenstückchen sowie Pfefferkörnern in einen großen Topf legen. Essig mit Rotwein und Weinbrand verrühren und darübergießen. Über Nacht im Kühlschrank ziehen lassen.

Am nächsten Tag Speck- und Zwiebelwürfel im Bräter glasig anrösten. Hasenteile aus der Beize nehmen, trockentupfen und im Speck-Zwiebel-Gemisch anbraten. Kleingeschnittenes Suppengemüse dazugeben und weitere 5 Minuten braten. Gelegentlich umrühren. Heiße Fleischbrühe dazugeben und 50–60 Minuten schmoren lassen.

Honigkuchen fein reiben. Das Johannisbeergelee mit Beize glattrühren. In den durchgesiebten Bratenfond rühren und 1–2 Minuten kochen lassen. Soße abschmecken und die Fleischstücke hineinlegen.

Hasenragout

1 kg Hasenfleisch (Kleinteile),
¼ l Rotwein,
¼ l Wasser,
1 Gläschen Weinbrand,
2 Knoblauchzehen,
4 Zwiebeln,
1 Bund Petersilie,
1 Möhre,
1 Stange Porree,
¼ Knolle Sellerie,
6 Wacholderbeeren,
5 Eßl. Öl,
1 Eßl. Tomatenmark,
Salz,
Pfeffer,
Cayennepfeffer,
⅛ l saure Sahne.

Hasenfleisch in einer Marinade aus Rotwein, Wasser, Weinbrand, zerdrückter Knoblauchzehe, kleingeschnittenem Gemüse und Wacholderbeeren 24 Stunden ziehen lassen. Fleisch gut abtrocknen, mit Salz einreiben und in Würfel schneiden. In heißem Öl kräftig anbraten. Mit Marinade ablöschen. Tomatenmark zufügen. Zugedeckt 75 Minuten schmoren lassen. Zuletzt saure Sahne unterrühren. Mit Pfeffer und Cayennepfeffer abschmecken.

Tip: Servieren Sie dazu warme, mit Preiselbeeren gefüllte Birnen und Kartoffelpürree.

Hasenragout mit Pilzen

2 Hasenrücken,
Salz,
Pfeffer,
30 g Butter,
20 g getrocknete Steinpilze,
200 g Zwiebeln,
200 g Champignons,
200 g Pfifferlinge,
200 g durchwachsener Speck,
1 Becher Crème fraîche,
¼ l süße Sahne.

Fleisch von den Knochen lösen, in Würfel schneiden, mit Salz und Pfeffer würzen. In heißer Butter 5 Minuten anbraten. Steinpilze in Wasser einweichen. Speck würfeln und kroß ausbraten. Gehackte Zwiebeln darin glasig dünsten. Pilze darin gut durchschmoren. Mit Crème fraîche und Sahne binden. Mit Salz und Pfeffer würzen. Das Fleisch dazugeben und gut durchziehen lassen.

Überbackenes Hasenragout

1 Hase,
Salz,
Pfeffer,
5 Eßkastanien,
1 Eßl. gehackte Haselnüsse,

Hasenfleisch von den Knochen lösen und in Würfel schneiden. Salzen und pfeffern. Eßkastanien schälen und kleinhacken. Mit den Haselnüssen mischen. Speck und Zwiebel feinwürfeln und in heißer Butter andünsten. Hasenfleisch dazugeben und anbraten. Mit Fleischbrühe ablöschen.

1 kleine Zwiebel,
100 g durchwachsener Speck,
1 Eßl. Butter,
Fleischbrühe,
100 g Pfifferlinge,
100 g Crème fraîche,
1 Eigelb,
50 g geriebener Käse (z. B. Emmentaler).

Gut 1 Stunde kochen lassen. Dann Pilze dazugeben. Mit Crème fraîche andicken. Salzen und pfeffern. Das Ragout in eine gefettete Auflaufform füllen. Eigelb, Käse, Haselnüsse und Eßkastanien vermengen. Diese Masse auf das Ragout geben. Bei 220 °C im Backofen überbacken, bis die Oberfläche goldgelb ist.

Hasenläufe Burgunder Art

750 g Hasenläufe,
75 g magerer Speck,
1 Eßl. Butter,
2 Zwiebeln, gewürfelt,
1 Knoblauchzehe,
¼ Teel. getrockneter Thymian,
1 Lorbeerblatt,
Pfeffer,
Salz,
1 Glas Rotwein,
1–2 Gläser Wasser,
2–3 Eßl. saure Sahne.

Hasenläufe gründlich waschen, gut trockentupfen. Speck würfeln, in Butter anbraten, herausnehmen. Hasenläufe in dem Fett anbraten. Zwiebelwürfel zugeben, dann gehackten Knoblauch, Speckwürfel und die Gewürze. Mit Rotwein und Wasser aufgießen. 60–90 Minuten schmoren. Das Fleisch soll fast vom Knochen fallen. Die Soße mit Sahne binden.

Tip: Dazu gibt es Salzkartoffeln, Rotkohl, Apfel-, Birnen-, Pflaumenkompott oder Preiselbeeren.

Hubertusrollen

Etwa 500 g Hasenreste,
1 Hasenleber (oder 80–100 g Kalbsleber),
Pilze,
½ Zwiebel,
Salz,
Ingwer,
Zitrone,
Petersilie,
2 Eier,
Knoblauch,
Weinbrand,
Semmelbrösel,
Fett.

Hasenreste von den Knochen lösen und zusammen mit der gewässerten Leber, einigen Pilzen und der Zwiebel durch den Fleischwolf drehen. Den Fleischteig salzen. Eier, geriebene Zitronenschale, gehackte Petersilie, ganz wenig Knoblauch, ein wenig Ingwer und einen Schuß Weinbrand dazugeben. Die Masse mit Semmelbröseln binden. Längliche Rollen daraus formen; in Ei und Bröseln wenden. In einer Pfanne braten oder besser noch in heißem Fett schwimmend fritieren.

Tip: Mit Remouladen- oder Kräutersoße servieren.

Hasenkroketten

300 g Hasenbraten,
100 g Schinken,
100 g Schweinezunge,
100 g Pilze,
100 g Makkaroni,
50 ml saure Sahne,
2 Eigelb,
Salz,
Pfeffer,
1–2 Eier,
100 g Semmelbrösel,
Fritierfett.

Hasenbraten mit Schinken, Schweinezunge und Pilzen durch den Fleischwolf drehen. Nudeln kochen und kleingeschnitten dazugeben. Die Masse mit Eigelb und saurer Sahne verkneten. Salzen und pfeffern. Aus dem Teig kleine Rollen formen, in verquirlten Eiern und in Semmelbrösel wenden. In heißem Fett ausbacken.

Hasenbouletten

Je 150 g Hasenfleisch,
Rindfleisch und
Schweinefleisch,
Salz,
Pfeffer,
Majoran,
1 Ei,
Petersilie,
1 Zwiebel,
Paniermehl,
Fett.

Fleischstücke durch den Fleischwolf drehen. Mit gehackter Petersilie, Ei und Gewürzen zu einem glatten Teig verarbeiten. Bällchen daraus formen, in Paniermehl wenden und mit kleingeschnittener Zwiebel auf beiden Seiten knusprig braun braten.

Salat Diana

Bananen nach
Personenzahl,
Reste von einem
Hasenbraten,
Mayonnaise,
Zitronensaft,
Tomatenketchup,
Salatblätter.

Bananen längs durchschneiden, das Fruchtfleisch herausnehmen. Hasenfleisch in kleine Stücke schneiden. Mayonnaise mit Zitronensaft und Tomatenketchup anmachen, mit dem Hasenfleisch vermischen. Diesen Salat in die Schiffchen aus halbierten Bananenschalen füllen, auf Salatblättern anrichten und mit Bananenscheiben garnieren.

Kaninchen

Kaninchenfilets auf Pfifferlingsreis

1 Kaninchenrücken,
Kaninchenleber,
1 Lorbeerblatt,
2 Zwiebeln,
Pfefferkörner,
Salz,
3 Eßl. Butter,
250 g Pfifferlinge,
250 g Reis,
2 Bund Petersilie,
⅛ l Schlagsahne,
3 Eßl. körniger Senf,
Soßenpulver.

Kaninchenrücken filieren, die Filets enthäuten und beiseite stellen. Den restlichen Rücken in Stücke schneiden, mit einer geviertelten Zwiebel, Pfefferkörnern und Wasser in einen Topf geben und 1 Stunde kräftig kochen lassen. Durchsieben und salzen.

Die zweite Zwiebel würfeln und in 1 Eßl. heißer Butter glasig dünsten. Geputzte Pfifferlinge und Reis dazugeben, ½ l Wasser angießen. Salzen. 15 Minuten ausquellen lassen. Gehackte Petersilie zusammen mit 1 Eßl. Butter unter den garen Reis mischen.

Für die Soße ¼ l Kaninchenfond mit Sahne und Senf verrühren. Mit Soßenpulver andicken. Abschmecken.

Die Kaninchenfilets und die -leber in der restlichen Butter von jeder Seite 2–3 Minuten braten. Beides in feine Scheiben schneiden, mit der Soße begießen und zum Reis servieren.

Kaninchenfilets in Weißweinsoße

2 Kaninchenrücken,
1 Eßl. milder Senf,
Salz,
Pfeffer,
8 Wacholderbeeren,
200 g geräucherter durchwachsener Speck,
150 g Zwiebeln,
⅛–¼ l Weißwein.

Die Filets aus dem Kaninchenrücken herauslösen, waschen, trockentupfen, mit Senf bestreichen und mit einer Mischung aus Salz, Pfeffer und zerdrückten Wacholderbeeren bestreuen. Die vier Filets jeweils mit einer Speckscheibe umwickeln, mit Küchengarn festbinden. Restlichen Speck kleinschneiden, in einer Pfanne auslassen. Geschälte, gewürfelte Zwiebeln darin anrösten. Filets hineinlegen und je nach Dicke 8–10 Minuten braten. Nach Geschmack und Bedarf Weißwein angießen.

Tip: Dazu gibt es Reis mit Pilzen und Preiselbeeren.

Kaninchen in Estragonsoße

4 Kaninchenkeulen (à 250 g),
1 Bund Suppengemüse,
5 weiße Pfefferkörner,
2 Zitronenscheiben,
1 Bund Estragon,
4 Scheiben (80 g) Weißbrot,
⅛ l Sahne,
⅛ l trockener Weißwein,
1 Messerspitze Piment,
Salz,
Pfeffer.

Kaninchenkeulen waschen und im ganzen mit dem Suppengemüse, den Gewürzen und ½ l Wasser in den Schnellkochtopf geben. Estragonblättchen von den Stengeln streifen und dazugeben. 15 Minuten garen lassen. Die Kaninchenkeulen dann herausnehmen, enthäuten, entbeinen und das Fleisch in Würfel schneiden. Den Bratenfond durchsieben und auf die Hälfte einkochen lassen. Weißbrot entrinden, fein zerkrümeln und in die Soße rühren. Sahne und Wein zufügen. Gut durchrühren. Mit Piment, Salz und Pfeffer abschmecken. Die Fleischstücke in die Soße geben.

Kaninchen mit Backpflaumen

1 Kaninchen;
für die Marinade:
¾ l Weißwein,
1 Bund Suppengrün,
1 Eßl. Basilikum,
4 Eßl. Öl,
½ Knoblauchzehe;
zum Braten:
Salz,

Die Zutaten für die Marinade verrühren. Das Kaninchen in 5 oder 6 Teile zerlegen und 3 Stunden marinieren. Herausnehmen, trockentupfen, salzen und pfeffern, mit Senf bestreichen. In heißem Öl knusprig anbraten. Mit ¼ l Marinade ablöschen. 45 Minuten schmoren. Backpflaumen dazugeben und noch 10 Minuten schmoren. Kaninchenteile und Backpflaumen herausneh-

Pfeffer,
Senf,
Öl,
200 g Backpflaumen,
⅛ l süße Sahne,
2 Teel. Johannisbeergelee.

men und auf einer Platte anrichten. Soße mit Sahne binden und mit Johannisbeergelee kräftig abschmecken.

Provenzalisches Kaninchen

2 Kaninchenrücken,
1 l Buttermilch,
Salz,
Pfeffer,
Bratfett,
12 kleine Zwiebeln,
4 Knoblauchzehen,
¾ l trockener Weißwein,
2 mittelgroße Zucchini,
6 kleine Tomaten,
2 Eßl. gemischte Kräuter,
1 Becher Crème fraîche.

Kaninchenrücken 12 Stunden in Buttermilch marinieren. Das trockengetupfte Fleisch mit Pfeffer einreiben und in heißem Fett rundherum anbraten. Feingehackte Zwiebeln und zerdrückte Knoblauchzehen zufügen. Mit Wein aufgießen, salzen und zugedeckt bei schwacher Hitze gar schmoren lassen. Kleingeschnittenes Gemüse 5 Minuten vor Garende dazugeben. Zuletzt gehackte Kräuter und Crème fraîche unterrühren. Kräftig mit Salz und Pfeffer abschmecken.

Kaninchen im Römertopf

1 Kaninchen,
125 g durchwachsener Speck,
1 Bund Suppengrün,
1 Tasse Rotwein,
1 Tasse süße oder saure Sahne,
1 Knoblauchzehe,
1 Eßl. Tomatenketchup,
1 Prise Zucker,
etwas Rosmarin,
1 Eßl. Orangenmarmelade,
Salz,
Pfeffer.

Kaninchen salzen und pfeffern. Speck in dünne Scheiben schneiden und den gewässerten Römertopf damit auslegen. Kaninchen darauflegen und mit restlichen Speckscheiben bedecken. Bei 250°C ohne Zugabe von Flüssigkeit 40 Minuten im Backofen anbraten. Dann kleingeschnittenes Suppengrün, zerdrückte Knoblauchzehe und die übrigen Zutaten dazugeben. Bei 220°C etwa 2 Stunden schmoren.

Tip: Wichtig ist, daß Sie Wein und Sahne anwärmen, sonst zerspringt der Tontopf.

Kaninchen im Tomatenbett

1 Kaninchen,
Salz,
Pfeffer,
Paprikapulver,
1 Teel. Senf,
50 g durchwachsener Speck,
50 g Butter,
1 Knoblauchzehe,
500 g Zwiebeln,
1 große Dose geschälte Tomaten,
etwas Majoran.

Speck in Würfel schneiden und ausbraten. Butter dazugeben. Kaninchen zerteilen. Mit Salz, Pfeffer, Paprikapulver und Senf bestreichen und in dem heißen Fett anbraten. Fleisch herausnehmen. Gewürfelte Zwiebeln in dem heißen Fett glasig dünsten. Tomaten und Majoran zufügen. Darauf die Kaninchenteile legen. Im geschlossenen Topf im Backofen bei 225°C etwa 80–90 Minuten garen.

Kaninchenfrikassee

1 Kaninchen,
¾ l Wasser,
Salz,
1 Bund Suppengrün,
40 g Butter,
50 g Mehl,
1 Dose Champignons,
150 g saure Sahne,
2 Eßl. geriebener Käse,
Saft von 1 Zitrone,
Weißwein,
Zucker.

Kaninchen in Salzwasser mit Suppengrün 1 Stunde kochen. Brühe durch ein Sieb gießen. Fleisch von den Knochen lösen und in kleine Würfel schneiden. Mehl in heißer Butter anschwitzen. Mit ½ l Kaninchenbrühe ablöschen. Pilze in Scheiben geschnitten dazugeben. Mit Sahne, Käse, Zitronensaft, Wein und Zucker abschmecken. Fleisch in die Soße geben.

Kaninchenpfeffer

½ Kaninchen,
1 Teel. Salz,
½ Teel. Pfeffer,
1 Teel. Paprikapulver,
2 Zwiebeln,
125 g Blutwurst,
5 Eßl. Öl,
12 weiße Pfefferkörner,
⅛ l Wasser,
⅛ l Rotwein,
1 Eßl. Mehl.

Kaninchenfleisch von den Knochen lösen und in kleine Würfel schneiden. Mit Salz, Pfeffer und Paprikapulver mischen. Zwiebeln in Ringe und Blutwurst in Würfel schneiden. Kaninchenfleisch in heißem Öl anbraten. Pfefferkörner, Zwiebeln und Blutwurst dazugeben. Mit Mehl bestäuben und anrösten. Nach 10 Minuten mit Wasser und Rotwein ablöschen. 35 Minuten schmoren.

Kaninchenragout

1 Kaninchen,
1 Zwiebel,
1 Stange Porree,
2 Lorbeerblätter,
3–4 Pfefferkörner,
10 Wacholderbeeren,
4 Nelken,
Salzwasser,
40 g Butter,
50 g Mehl,
Tomatenmark,
1 Dose Champignons,
gemahlene Nelken,
Fondor,
1 Schuß Rotwein.

Kaninchen mit Zwiebel, Porree und Gewürzen in Salzwasser 1 Stunde kochen. Fleisch herausnehmen, von den Knochen lösen und in Würfel schneiden.

Mehl in heißer Butter anschwitzen. Tomatenmark zufügen. Mit Kaninchenbrühe ablöschen. Champignons und Kaninchenfleisch in die Soße geben. Mit Salz, Pfeffer, Nelken und Rotwein abschmecken.

Kaninchenterrine

1 Kaninchen,
1 großes Glas Kognak,
3 Zwiebeln,
1 Knoblauchzehe,
250 g Fleischwurst,
1 kleines Stück Brot ohne Rinde,
Salz,
Pfeffer,
Gewürzmischung,
1 Messerspitze Cayennepfeffer,
1 Ei,
250 g Speck,
Thymian,
Lorbeer,
Milch,
Mehl,
Wasser.

Kaninchen enthäuten; Filets von Lenden und Hinterstück lösen, salzen und pfeffern und einige Stunden in Kognak einlegen. Den Rest des Fleisches, Zwiebeln, Kaninchenleber und das in Milch eingeweichte Brot durch den Fleischwolf drehen. Das Gehackte mit der feingewürfelten Fleischwurst mischen; salzen und pfeffern; Gewürzmischung, Cayennepfeffer, Thymian und die Kognakmarinade dazugeben. Eine Schüssel mit feinen Speckscheiben auslegen. Eine Schicht Fleischfüllung daraufgeben, darauf eine Lage Filets usw. Mit Fleischteig abschließen und mit Speckscheiben belegen. Lorbeerblatt und einen Zweig Thymian darauflegen. Mit einem aus Mehl und Wasser bereiteten Teigdeckel bedecken. Die Terrine 1¼ Stunden bei 200 °C im Backofen garen.

Kaninchenklopse

1 Kaninchen,
etwa 500 g Speck,
2 Eier,
2 Brötchen,
2 Zwiebeln,
Salz,
Pfeffer,
etwas Zitronenschale,
½ l Fleischbrühe,
20 g Butter,
30 g Mehl,
1 Glas Weißwein,
1 Eßl. Kapern,
etwas Zucker.

Fleisch von den Knochen lösen. Abwiegen und die gleiche Menge Speck dazugeben. Beides durch den Fleischwolf drehen. Eier, eingeweichte Brötchen, gewürfelte Zwiebeln, Salz und Zitronenschale zufügen. Zu einem glatten Teig verkneten. Kleine Bällchen daraus formen und in heißer Fleischbrühe 15 Minuten ziehen lassen. Mehl in heißer Butter anschwitzen. Mit Kochbrühe ablöschen. Mit Salz, Pfeffer, Wein, Kapern und Zucker abschmecken. Die Soße über die Klopse geben.

Kaninchenröllchen

1 Kaninchen,
100 g fetter Speck,
1 großer Kopf Chinakohl,
1 Brötchen,
1 Ei,
Thymian,
Salz,
Pfeffer,
2 Zwiebeln,
2 Becher Crème fraîche,
2 Eigelb,
100 g durchwachsener Räucherspeck,
1 kleine Dose Pfifferlinge,
etwas Butter.

Kaninchenfleisch von den Knochen lösen. Zusammen mit dem fetten Speck durch den Fleischwolf drehen. Mit eingeweichtem Brötchen, Ei, 1 gehackten Zwiebel und den Gewürzen verkneten. Von dem Chinakohl 12 große Blätter ablösen und diese blanchieren. Auf jedes Blatt 1 Eßl. Fleischteig geben, aufrollen und die Röllchen dicht an dicht in eine gefettete Auflaufform legen. Crème fraîche mit Eigelb, Salz und Pfeffer verquirlen und über die Röllchen gießen. Bei 200 °C 1 Stunde im Backofen garen.

Räucherspeck und restliche Zwiebel zusammen mit den Pilzen in heißer Butter andünsten. Über die gebackenen Kaninchenröllchen geben. Sofort servieren.

Tip: Dazu paßt Kartoffelpüree.

Fasan

Fasanencremesuppe mit Blätterteigdeckel

1 Fasan,
50 g Zwiebeln,
50 g durchwachsener Speck,
etwas Öl,
1 l Fleischbrühe,
20 g Butter,
30 g Mehl,
1 Eßl. Mandelblättchen,
¼ l süße Sahne,
Salz,
Pfeffer,
Ingwerpulver,
40 g Fleischkäse,
2 Eigelb,
4 Scheiben tiefgekühlter Blätterteig.

Fasan zerteilen, Brüste beiseite legen. Das restliche Fleisch und die Knochen zerkleinern und mit Speck- und Zwiebelwürfeln in heißem Öl anbraten. Mit etwas Fleischbrühe ablöschen. Etwas einkochen lassen. Restliche Fleischbrühe angießen. 1½ Stunden kochen lassen. Brühe durchsieben.

Mehl in heißer Butter anschwitzen. Mit Brühe ablöschen. Durchkochen lassen. Fasanenbrüste in feine Streifen schneiden, in heißer Butter braten und dann auf 4 Suppentassen verteilen. Geröstete Mandeln darüberstreuen. Suppe auf die Tassen verteilen. Den Rand der Tassen mit Wasser befeuchten, ausgerollte Blätterteigscheiben darüberstülpen, einstechen und mit verquirltem Eigelb bestreichen. Die Suppe im Backofen bei 220°C etwa 20 Minuten überbacken, bis sich der Blätterteig wölbt. Sofort servieren. Blätterteigdeckel aufschneiden und zur Suppe essen.

Tip: Servieren Sie dazu Chicorée mit Lachsschinken.

Fasanensuppe mit Rosinen

1 Fasan,
1½ l Fleischbrühe,
¼ l Rotwein,
1 Eßl. Butter,
Salz,
Pfeffer,
Rosmarin,
60 g Mehl,
100 g Rosinen.

Fasan in heißer Butter goldbraun anbraten. Mit ¾ l Fleischbrühe ablöschen. Rosinen zufügen. Die Suppe 1½ Stunden kochen lassen. Fasan herausnehmen und das Fleisch in Würfel schneiden. Restliche Fleischbrühe und Rotwein zur Suppe geben. Mit Mehl andicken. Das Fleisch in die Suppe geben. Mit Salz, Pfeffer und Rosmarin abschmecken.

Tip: Sie können die Suppe noch mit 100 g süßer Sahne verfeinern.

Ardenner Fasanensuppe

Reste und Gerippe von 1 gebratenen Fasan,
1 Bund Suppengrün,
Salz,
3 Wacholderbeeren,
60 g fetter Speck,
30 g Mehl,
Pfeffer,
1 Glas Portwein,
1 mittelgroße Dose Pfifferlinge,
1 Bund Petersilie,
4 Teel. geschlagene süße Sahne.

Das Knochengerippe mit 1 l Wasser zum Kochen bringen. Salz und zerkleinertes Suppengrün dazugeben. Wacholderbeeren zufügen. 30 Minuten durchkochen. Gewürfelten Speck ausbraten, mit Mehl überstäuben und braun anschwitzen. Mit durchgesiebter Fasanenbrühe ablöschen. Pfeffer und Portwein zufügen. Kleingeschnittenes Fasanenfleisch und Pfifferlinge in die Suppe geben. Noch 5 Minuten kochen lassen. Mit Salz, Pfeffer und Portwein abschmecken. Suppe in Tassen füllen, Sahnetupfen daraufsetzen und mit gehackter Petersilie bestreuen. Mit etwas Pfeffer bestäuben.

Fasan mit Kräutern

2 Fasane,
100 g Speck,
6 Ysop-Blättchen,
4 Beifußblättchen,
Salz,
Pfeffer,
2 Eßl. Öl,
¼ l Rotwein,
⅛ l süße Sahne,
1 Gläschen Kognak,
etwas Butter.

Fasane salzen und pfeffern. An der Brust mit Speck umwickeln. Kräuter in das Innere geben. Fasane in heißem Öl anbraten. Mit Rotwein ablöschen. 30–40 Minuten schmoren. Zwischendurch die Fasane mit Bratenfond begießen und mit Butter bestreichen. Kurz vor Ende der Garzeit Speck entfernen und die Brüste goldbraun werden lassen. Die Soße mit Wein, Sahne und Kognak abschmecken.

Tip: Verfeinern Sie die Fasane, indem Sie das

Innere zusätzlich mit geschnitzelten Äpfeln, Hühnerleber und 1 Prise Majoran füllen.

Fasan mit Früchten

1 bratfertiger junger Fasan,
Salz,
Pfeffer,
80 g Butter,
¼ l Pfirsichsaft,
1 Glas Weinbrand,
1 Eßl. Speisestärke,
4 Pfirsichhälften,
3 Ananasscheiben,
8 Renekloden,
6 Aprikosenhälften (alles Obst aus der Dose bzw. aus dem Glas),
8 Walnußhälften.

Fasan in 4 Stücke zerteilen und schwach würzen. In heißer Butter von beiden Seiten anbraten. Mit Pfirsichsaft und Weinbrand ablöschen und 20–30 Minuten schmoren lassen. Fasan herausnehmen, auf eine Platte legen und warmstellen. Den Bratenfond mit angerührter Speisestärke binden. Mit Salz und Pfeffer abschmecken. In Stücke geschnittenes Obst in die Soße geben und darin erhitzen. Die Soße mit Früchten über den Fasan gießen. Mit Walnußhälften garnieren.

Tip: Wenn's einfacher sein soll, nehmen Sie Fruchtcocktail anstatt der verschiedenen Früchte.

Würziger Fasan

1 Fasan,
Salz,
50 g geräucherter Speck,
50 g Bratfett,
100 g gehackte Walnußkerne,
⅛ l Traubensaft,
¼ l Orangensaft,
2 Schnapsgläser Wein,
1 Tasse starker Pfefferminztee;
für die Soße:
2 Teel. Speisestärke,
Salz,
Pfeffer,
⅛ l süße Sahne.

Fasan waschen, trockentupfen, von innen und außen mit Salz einreiben. Mit dünnen Speckscheiben umwickeln. In heißem Fett 10 Minuten anbraten. Walnüsse, Trauben- und Orangensaft, Wein und Pfefferminztee dazugeben. Den Fasan 40 Minuten schmoren lassen. Zwischendurch mit dem Fond begießen. Fasan aus dem Topf nehmen, Speckscheiben herunternehmen und beiseite stellen. Bratenfond durchsieben. Mit Speisestärke andicken. Speckscheiben fein gewürfelt in die Soße geben. Mit Salz und Pfeffer abschmekken. Sahne zufügen. Die Soße bis zum Siedepunkt erhitzen und über den Fasan gießen.

Tip: Garnieren Sie den Fasan mit grünen und blauen Weintrauben und reichen Sie Kartoffelpüree dazu.

Fasan im Honigmantel

1 Fasan;
für die Beize:
2 l Rotwein,
2 Nelken,
2 Lorbeerblätter,
4 zerdrückte Wacholderbeeren,
3 zerdrückte Knoblauchzehen,
1 Teel. Salz;
zum Braten:
Butter,
6 Eßl. Honig,
2 Scheiben Schinkenspeck.

Die Zutaten für die Beize mischen, aufkochen und erkalten lassen. Den Fasan darin 12 Stunden einlegen. Herausnehmen, trockentupfen und mit Pfeffer einreiben. Fasan in heißer Butter ringsum anbraten. Honig erwärmen und den Fasan damit bepinseln. Mit Schinkenspeck umwickeln. Fasan in eine gebutterte Auflaufform legen und bei 180°C im Backofen 30 Minuten garen. Zwischendurch den Fasan alle 5 Minuten mit 1 Eßl. Beize begießen.

Ingwer-Fasan

1 Fasan,
Ingwerpulver,
125 g Speck,
Butter,
2 Zwiebeln,
¼ l Fleischbrühe,
⅛ l Weißwein,
2 große in Sirup eingelegte Ingwerpflaumen,
100 g Champignons,
50 g Rosinen,
¼ l süße Sahne.

Fasan mit Ingwerpulver einreiben und mit Speckscheiben umwickeln. In heißer Butter anbraten. Gewürfelte Zwiebeln dazugeben und glasig dünsten. Mit Brühe und Wein ablöschen. 30 Minuten schmoren. Gehackte Ingwerpflaumen in die Sahne rühren. Zusammen mit den Rosinen und blättrig geschnittenen Champignons zum Fasan geben. Garschmoren, dabei öfter begießen. Die Soße nachher auf die Hälfte einkochen und getrennt zum Fasan servieren.

Fasan in Apfelweinsoße

1 Fasan,
Salz,
Pfeffer,
½ Brötchen,
100 g Geflügelleberwurst,
25 g Speck,
2 Zwiebeln,
5 säuerliche Äpfel,
1 Teel. Zitronensaft,

Fasan von innen und außen mit Salz und Pfeffer einreiben. Eingeweichtes Brötchen mit Geflügelleberwurst, gewürfeltem Speck, feingehackten Zwiebeln, gehackter Petersilie, Eigelb, Zitronensaft, Salz und Pfeffer zu einem glatten Teig verkneten. 1 Apfel würfeln und untermischen. Die Masse in den Fasan füllen und diesen zunähen. Mit Speckscheiben umwickeln. Fasan in heißer Butter ringsum anbraten. Mit Wasser und Apfel-

Petersilie,
1 Eigelb,
4–8 Scheiben Speck zum Umwickeln,
40 g Butter,
1 Gläschen Calvados,
¼ l Apfelwein,
3 Eßl. Crème fraîche.

wein ablöschen. 30–60 Minuten (je nach Alter des Fasans) schmoren lassen. Fasan herausnehmen. Speck entfernen. Bratenfond mit Apfelwein und Calvados ablöschen. Mit Crème fraîche binden. Abschmecken. Restliche Äpfel in Ringe geschnitten anbraten, mit dem Fasan anrichten und mit der Soße servieren.

Fasanenbrüste mit Sherryfrüchten

4 küchenfertige Fasanenbrüste,
Salz,
Pfeffer,
Piment,
Thymian,
50 g Butter,
2 Eßl. trockener Sherry,
für die Fruchtbeilage:
1 säuerlicher Apfel,
1 Birne,
1 Mandarine,
¼ l Cream Sherry,
2 Eßl. Honig,
200 g Zucker.

Fasanenbrüste von beiden Seiten mit Gewürzen einreiben und in heißer Butter auf jeder Seite 4 Minuten braten. Aus der Pfanne nehmen. Den Bratenfond mit Sherry ablöschen und bei schwacher Hitze auf 1 Eßl. einkochen lassen. Über die Brüste verteilen.

Äpfel und Birne schälen, achteln und entkernen. Mandarine schälen und in Stücke zerteilen. ⅛ l Sherry aufkochen. Die Früchte dazugeben und 5–8 Minuten dünsten. Dann das Obst herausnehmen. Restlichen Sherry, Honig und Zucker zum Sherrysud geben. 10 Minuten sirupartig einkochen lassen. Das Obst dazugeben.

Fasanenbrüste mit den abgetropften Früchten servieren. Beides schmeckt auch kalt.

Fasanenbrüstchen in Champagnersoße

4 Fasanenbrüstchen,
Salz,
Pfeffer,
1 Tasse Mehl,
4 Eßl. Butter,
1 Zwiebel,
2 Scheiben Ananas,
1 Eßl. grüne Pfefferkörner,
1 Eßl. Tomatenmark,
2 Eßl. Mehl,
1 kleine Flasche Sekt,
1 Becher Crème fraîche,
1 Bund Basilikum,
1 Prise Zucker.

Fasanenbrüstchen mit Salz und Pfeffer einreiben, in Mehl wenden und in heißer Butter braten. Aus der Pfanne nehmen und warmstellen. Feingehackte Zwiebel in dem Bratfett glasig dünsten. Ananasstücke, Pfefferkörner und Tomatenmark zufügen. Mit Mehl bestäuben und mit Sekt ablöschen. Mit feingehacktem Basilikum würzen. Mit Zucker, Salz und Pfeffer abschmecken. Die Soße zu den Fasanenbrüsten servieren.

Fasanenbrust in Wirsingblatt

4 Fasanenbrüste,
2 Schweinenetze,
1 Kopf Wirsing,
für die Füllung:
200 g Putenfleisch,
200 g angefrostete süße Sahne,
1 Ei,
Salz,
Pfeffer;
für die Soße:
2 Eßl. Butter,
⅛ l Fleischbrühe,
¼ l Rotwein,
2 gestrichene Teel. Speisestärke,
etwas süße Sahne,
50 g Butter,
Salz,
Pfeffer.

Putenfleisch zweimal ganz fein durch den Fleischwolf drehen. Mit Ei und Sahne verrühren. Mit Salz und Pfeffer abschmecken. Kühlstellen. Knochen und Haut von den Fasanenbrüsten lösen. In das Fleisch eine Tasche schneiden. Diese mit der Putenfarce füllen.

Gewässerte Schweinenetze teilen, mit blanchierten Wirsingblättern belegen. Wirsing salzen und pfeffern und mit der restlichen Farce bestreichen. Fasanenbrüste darauf verteilen. Erst in Wirsingblätter, dann in Schweinenetz einwickeln. In heißem Fett rundum anbraten. Im Backofen bei 200°C etwa 10 Minuten weitergaren. Fasanenbrüste herausnehmen und warmstellen.

Bratenfond mit Rotwein ablöschen. Etwas einkochen lassen. Fleischbrühe zugießen. Mit Speisestärke andicken. Soße durchsieben. Mit Sahne verfeinern. Zuletzt flöckchenweise Butter unter ständigem Rühren dazugeben. Fasanenbrust aufschneiden und mit Soße begießen.

Tip: Dazu gibt es Kartoffelpüree und Sauerkraut.

Fasan nach Kurfürstenart

1 Fasan,
Speck,
Salz,
Pfeffer,
2 Eßl. Butter,
2 Eier,
4–5 Eßl. Semmelbrösel,
½ Apfel,
Sahne,
6 Eßl. gemahlene Mandeln, Essiggemüse.

Butter und Eidotter schaumig rühren. Semmelbrösel, geriebenen Apfel, Sahne, Mandeln und Eischnee dazugeben. Diese Fülle in den großen, aber noch jungen Fasan streichen. Fasan in Speckscheiben wickeln und saftig garbraten (etwa 40–50 Minuten).

Mit Mix-Pickles, Paprika in Essig, Essigzwetschen, Oliven und Mango-Chutney servieren.

Fasanenauflauf

1–2 ältere Fasanen,
1 Zwiebel,

Das Fleisch der weichgeschmorten Fasane ablösen und durch den Fleischwolf drehen. Die Kno-

Fett,
4 Eier,
Salz,
Pfeffer,
2 Wacholderbeeren,
3 Brötchen,
Tomatenmark,
Gewürze.

chen in Fett mit Zwiebeln scharf anrösten, leicht aufgießen und gut auskochen. Die Hackfleischmasse mit eingeweichtem Brötchen, Salz, Pfeffer, zerstoßenen Wacholderbeeren, Eigelb und Eischnee verkneten. Die Masse in einer gefetteten Form bei 200 °C etwa 30 Minuten im Backofen garen. Aus der Knochenbrühe und Tomatenmark eine pikante Soße bereiten und zum Auflauf servieren.

Fasanenleberragout

8–10 Fasanenlebern,
Bratfett,
1 Zwiebel,
4 Tomaten,
2 Tassen Fleischbrühe,
Salz,
Pfeffer,
Rosmarin,
Basilikum,
1 Eßl. Weißwein,
Speisestärke.

Lebern 15 Minuten wässern, trockentupfen, in Würfel schneiden und in heißem Fett braten. Aus der Pfanne nehmen. In dem Bratfett gewürfelte Zwiebel und geachtelte Tomaten dünsten. Leber zufügen. Fleischbrühe angießen. Mit Salz, Pfeffer und Basilikum würzen. 5 Minuten kochen lassen. Mit Rosmarin und Wein abschmecken.

Tip: Servieren Sie dazu Reis oder Spätzle. Statt der Fasanenlebern können Sie übrigens auch Wildentenlebern nehmen.

Gefüllter Fasan

1 großer Fasan,
150 g Speck,
Bratfett,
Pastetengewürz,
375 g Bratwurstmasse,
20 g Trüffeln (oder
100 g Champignons),
Madeira,
50 g Mandeln,
3 Tannennadeln,
2 Wacholderbeeren,
Salz,
Zucker,
Muskat (oder Paprikapulver).

Fasan mit Pastetengewürz einreiben. Bratwurstmasse (vom Metzger beziehen) mit feingehackten Trüffeln, gestiftelten Mandeln, Madeira, gehackten Tannennadeln, zerdrückten Wacholderbeeren, Salz, Zucker und Muskat vermengen. Die Masse in den Fasan füllen. 2 Tage kühl ruhen lassen, damit der Geschmack der Fülle das Wildbret durchzieht. Den Fasan in Speckscheiben wickeln und 50–60 Minuten braten.

Beim Zerlegen die Füllung herausnehmen und schuppenartig auf einer Platte anrichten. Fasanenstücke drumherum legen, mit Soße begießen und darauf den in Streifen geschnittenen Speck anrichten.

Tip: Als Beilage schmecken Preiselbeeren.

Fasan „Luise“

1 Fasan,
Salz,
Speckscheiben,
Bratfett,
1 Glas Rotwein,
1 Becher saure Sahne,
2 Wacholderbeeren;
für die Füllung:
60 g fetter Speck,
60 g Geflügelleber,
60 g Pilze,
Leber und Herz
des Fasans,
3 zerdrückte
Wacholderbeeren,
Pfeffer.

Fasan innen und außen salzen und mit Speckscheiben umwickeln. Die zerkleinerten Zutaten für die Füllung mischen, in den Fasan stopfen; zunähen. Den Fasan in heißem Fett braten. Mit saurer Sahne und Rotwein ablöschen. Zerdrückte Wacholderbeeren dazugeben. Kurz vor Garende die Speckscheiben abnehmen, damit der Fasan schön braun wird. Während des Bratens immer wieder mit Bratensud begießen.

Fasan mit Hackfleischfülle

50 g Käse (Emmentaler),
1 kleine Zwiebel,
30 g durchwachsener
Speck,
½ Bund Petersilie,
100 g Hackfleisch
(gemischt),
1 Eigelb,
1 Fasan,
½ Teel. Salz,
¼ Teel. schwarzer
Pfeffer,
5 Scheiben geräucherter durchwachsener
Speck,
2 Eßl. Sahne.

Käse, Zwiebel und Speck fein würfeln; Petersilie hacken. Mit Hackfleisch, Eigelb, Salz und Pfeffer zu einem glatten Teig verarbeiten. Fasan innen und außen mit Pfeffer und Salz einreiben. Mit der Fleischmasse füllen, mit Baumwollfaden zunähen. Fasan mit Speckscheiben belegen und bei 200 °C im Backofen garen (ca. 1 Stunde). Von Zeit zu Zeit mit dem ausgetretenen Saft begießen. Kurz vor Ende der Bratzeit Speckscheiben abnehmen, damit der Fasan braun wird. Soße mit Sahne binden.

Fasan mit Wirsingfülle

2 Fasane,
Salz,
Pfeffer,
1 Kopf Wirsing
(etwa 1 kg),

Wirsing achteln und feinstreifig schneiden. In 70 g heißer Butter andünsten. Etwas Wasser zugießen und 10 Minuten garen lassen. Gehackte Nüsse goldbraun rösten. Zusammen mit den Korinthen zum Wirsing geben. Mit Salz, Pfeffer,

100 g Butter,
50 g Nüsse,
60 g Korinthen,
Zimt,
Koriander.

Zimt und Koriander abschmecken. Fasane innen und außen mit Salz und Pfeffer einreiben. Mit der Wirsingmasse füllen. Fasane mit der restlichen Butter bestreichen und im Backofen bei 200 °C etwa 40–50 Minuten garen. Dabei nach und nach etwas Wasser angießen.

Tip: Statt Nüsse können Sie auch Pinienkerne nehmen.

Rebhuhn

Rebhuhn auf Birnenkraut

2 Rebhühner,
1 Teel. Salz,
1 Teel. Paprikapulver,
¼ Teel. Pfeffer,
2 Zwiebeln,
2 altbackene Brötchen,
¼ l Fleischbrühe,
25 g Leberwurst,
4 Eßl. Öl,
4 Eßl. Butter,
1 Lorbeerblatt,
500 g Sauerkraut,
1 Teel. Zucker,
25 g Speckwürfel,
4 reife Birnen.

Rebhühner innen und außen mit Salz, Pfeffer und Paprikapulver einreiben. Eingeweichte Brötchen mit gewürfelten Zwiebeln, Leberwurst und Brühe zu einer Farce vermischen und diese in die Rebhühner füllen. Rebhühner in heißem Öl anbraten. Butter und Lorbeerblatt zufügen. Bei schwacher Hitze 10 Minuten schmoren.

Sauerkraut mit etwas Wasser 20 Minuten kochen. Zucker, geschälte und entkernte Birnenviertel und gewürfelten Speck zufügen. Noch 10 Minuten garen.

Die Rebhühner halbieren und auf dem Sauerkraut anrichten.

Tip: Servieren Sie dazu Kartoffelpüree und einen Salat.

Statt Birnenkraut können Sie auch Weinkraut nehmen: Sauerkraut mit Wein kochen.

Als Füllung für die Rebhühner ist außerdem diese Farce zu empfehlen: 300 g Bratwurstmasse, 2 Eßl. gehackte Petersilie, 3 Eßl. Sherry. Die Rebhühner werden dann vorher innen mit gemahlenem Salbei statt mit Paprikapulver und Pfeffer eingerieben.

Elsässisches Rebhuhn

100 g durchwachsener Speck,
3 Eßl. Butter,
1 Zwiebel,
1 kg Wirsing (oder Weißkohl),
3/8 l Weißwein,
1/8 l Fleischbrühe,
Salz,
Pfeffer,
4 Rebhühner,
6 Wacholderbeeren,
150 g fetter Speck,
20 g Speisestärke.

Gewürfelten Speck in 1 Eßl. heißer Butter ausbraten. Gewürfelte Zwiebel darin glasig dünsten. In Streifen geschnittenen Wirsing dazugeben und mitandünsten. Mit Wein und Brühe ablöschen. Garkochen. Mit Salz und Pfeffer würzen.

Rebhühner innen und außen salzen und pfeffern. Zerdrückte Wacholderbeeren darauf verteilen. Mit Speckscheiben umwickeln und in heißer Butter anbraten. Rebhühner herausnehmen.

Wirsing mit angerührter Speisestärke binden und in eine feuerfeste Form geben. Rebhühner darauf legen. Bei 200°C im Backofen 40 Minuten garen. Nach 15 Minuten die Rebhühner wenden, 5 Minuten später den Speckmantel entfernen.

Tip: Servieren Sie dazu Kartoffelpüree.

Rebhühner mit Hackfleischfüllung

4 Rebhühner,
100 g Schweinehack,
2 Brötchen,
1 Ei,
Butter,
1 Zwiebel,
1 Eßl. gehackte Petersilie,
Salz,
Pfeffer,
Muskat,
250 g geräucherter Speck,
1 Eßl. Butterschmalz,
1/2 l Rotwein,
60 g Weinkraut,
60 g Butter,
200 g grüne und blaue Weintrauben.

Feingehackte Zwiebel in Butter andünsten. Mit Schweinehack, eingeweichten Brötchen und Petersilie vermengen. Mit Salz, Pfeffer und Muskat würzen. Diese Masse in die Rebhühner füllen. Zustecken. Rebhühner mit Salz und Pfeffer einreiben und mit Speckscheiben umwickeln. In heißem Fett anbraten. Im Backofen 10 Minuten weitergaren. Dann 1/4 l Rotwein angießen und nochmal 10 Minuten garen. Rebhühner herausnehmen. Restlichen Rotwein zum Bratenfond geben. Aufkochen, abschmecken und durchsieben. Weinkraut erhitzen. Rebhühner (ohne Speck) darauf anrichten. Weintrauben in Butter erhitzen und die Rebhühner damit garnieren.

Gefüllte Rebhühner

4 Rebhühner,
Salz,
8 Speckscheiben,
40 g Butter,
1 Gläschen Kognak (oder Portwein),
¼ l süße Sahne,
250 g blaue Weintrauben,
150 g gekochter Schinken,
1 Ei.

Für die Füllung Weintrauben mit gewürfeltem Schinken und verquirltem Ei vermischen. Rebhühner innen und außen salzen und füllen. Zunähen. Mit Speck umwickeln. In heißem Fett anbraten. Mit Alkohol ablöschen. 10 Minuten schmoren. Zwischendurch mit Bratenfond begießen. Sahne zufügen. Nochmal 10 Minuten garen.

Rebhühner mit Weintrauben

4 Rebhühner,
Salz,
Pfeffer,
500 g blaue Weintrauben,
4 cl Kognak,
300 g fetter Speck,
½ l Rotwein,
¼ l saure Sahne,
1 Eßl. Speisestärke.

Rebhühner innen und außen salzen und pfeffern. Weintrauben halbieren und entkernen. Die Hälfte der Trauben mit Kognak begießen und 15 Minuten ziehen lassen. Diese Trauben in die Rebhühner füllen und diese zunähen. Mit der Kognakmarinade begießen. 200 g Speck in dünne Scheiben schneiden und um die Rebhühner wickeln. Restlichen Speck würfeln und ausbraten. Rebhühner darin anbraten. Restliche Weintrauben dazugeben. Mit Rotwein ablöschen. Bei 180°C im Backofen 1 Stunde schmoren. Alle 20 Minuten die Rebhühner mit Bratenfond beschöpfen. Kurz vor Garende die Hälfte der Sahne über die vom Speck befreiten Rebhühner gießen und überkrusten lassen. Rebhühner herausnehmen. Bratenfond mit Sahne loskochen und mit Speisestärke binden.

Rebhühner in Weinsoße

2 Rebhühner,
1 Teel. Salz,
1 Messerspitze Pfeffer,
5 Eßl. Butter,
¼ l Rotwein,
Saft von 1 Zitrone,
1 Stückchen

Rebhühner halbieren und die Innenseiten mit Salz und Pfeffer einreiben. In heißer Butter goldbraun anbraten. Herausnehmen und warm stellen. Bratenfond mit Rotwein loskochen. Zitronensaft und -schale zufügen. Rebhühner hineinlegen und bei mittlerer Hitze 40–50 Minuten garen.

Zitronenschale,
1 Tasse Fleischbrühe,
Salz,
Pfeffer.

Zwischendurch die Rebhühner ab und zu mit Bratenfond begießen. Rebhühner auf einer Platte anrichten. Die Soße mit Salz und Pfeffer abschmecken und über die Rebhühner gießen.

Tip: Servieren Sie dazu Kartoffelpüree oder Reis und einen frischen Salat.

Rebhuhnsalmi

4 Rebhühner,
2 Zwiebeln,
etwas Öl,
1 Gläschen Kognak,
¼ l Weißwein,
100 g Champignons,
4 Oliven,
1 Tasse Wasser,
50 g Bratfett.

Rebhühner vierteln. Brüste und Keulen beiseite legen. Den Rest zerkleinern und mit feingewürfelten Zwiebeln in heißem Öl anbraten. Mit Kognak flambieren. Mit Wein ablöschen und 20 Minuten schmoren. Kleingeschnittene Champignons und Oliven sowie das Wasser dazugeben. Rebhuhnbrüste und -keulen in heißem Fett braten und mit der Farce anrichten.

Tip: Servieren Sie dazu Reis und Chicoréesalat.

Rebhuhn-Toast

250 g gegartes Rebhuhnfleisch,
1 kleine Dose Pfifferlinge,
⅛ l Weißwein,
1 Teel. Speisestärke,
2 Eßl. süße Sahne,
Salz,
Pfeffer,
Worcestersoße,
Muskat,
6 Scheiben Toastbrot,
60 g Butter,
6 Scheiben magerer Speck.

Rebhuhnfleisch in Streifen schneiden. Mit Pfifferlingen und Wein erhitzen. Mit Speisestärke binden. Mit Sahne, Salz, Pfeffer, Worcestersoße und Muskat abschmecken. Brot toasten, mit Butter bestreichen, das Ragout darauf anrichten und Speck in Streifen geschnitten gitterartig darüberlegen. Im Grill überbacken, bis der Speck knusprig braun ist.

Wildente

Wildentencocktail

250 g gebratene Wildente,
175 g Mandarinen,
3 Scheiben Ananas,
1 Kiwi,
Zitronensaft;
für die Soße:
200 g Mayonnaise,
100 g geschlagene süße Sahne,
2 Eßl. Preiselbeeren,
2 Eßl. Sherry,
Salz,
Wildgewürz,
Sojasoße;
zum Garnieren:
ausgehöhlte Orangenhälften,
Mandarinen,
1 Kiwi.

Kiwi schälen, in Scheiben schneiden und diese halbieren. Ananas in Stücke zerteilen. Kiwi, Ananas, Mandarinenspalten und gewürfeltes Bratenfleisch vermischen. Mit Zitronensaft beträufeln. Die Zutaten für die Soße verrühren. Kurz vor dem Servieren den Salat in die Orangenhälften füllen und die Soße darüber verteilen. Mit Mandarinen und Kiwischeiben garnieren.

Wildente in Calvadosrahm

2 Wildenten,
Salz,

Enten mit Salz und Pfeffer einreiben. Äpfel schälen, entkernen und in Scheiben schneiden. Die

Pfeffer,
2 große säuerliche Äpfel,
2 Eßl. Rosinen,
2 Eßl. Mandelsplitter,
etwas Petersilie,
150 g geräucherter durchwachsener Speck,
Bratfett,
1 Zwiebel,
2 Möhren,
1 Bund Frühlingszwiebeln,
¼ l Apfelwein,
¼ l gebundene Bratensoße,
1 Tasse süße Sahne,
1 Messerspitze Cayennepfeffer,
1 Teel. Thymian,
1 Prise Zucker,
6 cl Calvados.

Hälfte mit gehackter Petersilie, Rosinen und Mandeln mischen und in die Enten füllen. Enten mit Speckscheiben belegen, mit heißem Fett bepinseln und bei 200°C im Backofen 35 bis 40 Minuten garen. Enten herausnehmen und warmstellen. Restliche Äpfel, feingehackte Zwiebel, in Scheiben geschnittene Möhren und Frühlingszwiebeln in dem Bratenfond andünsten. Mit Apfelwein und Bratensoße ablöschen. Sahne unterheben. Mit Salz, Pfeffer, Cayennepfeffer, Thymian und Zucker würzen. 10 Minuten kochen lassen. Mit Calvados abschmecken. Soße durchsieben und zu den Enten servieren.

Wildente in Orangensoße

1 Wildente,
Salz,
Pfeffer,
100 g fetter Speck,
1 Tasse Rotwein;
für die Soße:
1 Tasse Sherry,
Saft von 2 Orangen und 1 Zitrone,
2 Eßl. saure Sahne,
1 Eßl. Johannisbeergelee,
etwas Thymian,
50 g gewürfelter durchwachsener Speck,
1 Tasse Rosinen,
½ Tasse gehackte Petersilie,
etwa Speisestärke;
zum Garnieren:
1 Orange.

Ente mit Salz und Pfeffer einreiben, mit Speckscheiben belegen und im Backofen bei 200°C etwa 1½ Stunden garen. Dabei nach und nach Rotwein zugießen. Die Zutaten für die Soße (außer Speisestärke) verrühren und 10 Minuten vor Garende zur Ente geben. Ente herausnehmen und auf einer Platte mit Orangenscheiben anrichten. Soße mit Speisestärke andicken und abschmecken.

Wildente mit Orangen

2 Wildenten,
Salz,
Pfeffer,
2 Zwiebeln,
2 Äpfel,
3 Eßl. Rosinen,
2 Eßl. Rum (54 Prozent),
4 Eßl. Öl,
2 Gläser Sherry,
⅛ l Wasser,
Saft von 2 Orangen,
1 Eßl. Speisestärke,
1 Teel. Orangengelee,
2 Orangen,
½ Kästchen Kresse.

Wildenten innen und außen salzen und pfeffern. Zwiebeln fein würfeln. Äpfel schälen, vierteln, entkernen und ebenfalls würfeln. Apfel- und Zwiebelwürfel mit Rosinen mischen und mit Rum begießen. Die Enten damit füllen und zustecken. Mit Öl bepinseln und im Backofen bei 200°C etwa 70 Minuten garen. Enten herausnehmen. Bratenfond mit Sherry, Orangensaft und Wasser loskochen. Durchsieben. Soße mit Speisestärke andikken. Mit Orangengelee, Salz, Pfeffer abschmekken. Enten mit Orangenscheiben und Kresse garnieren und mit der Soße servieren.

Niederrheinische Wildente

1 Wildente,
4 Brötchen,
200 g Geflügelleber,
100 g geräucherter durchwachsener Speck,
2 Eßl. Öl,
1 Zwiebel,
10–12 Eßkastanien,
1 Eßl. Rosinen,
5 Champignons,
¼ l süße Sahne,
½ Fleischbrühe,
⅛ l Rotwein,
2 Eigelb,
Salz,
Pfeffer,
Basilikum,
Butter.

Ente vom Knochengerüst lösen und das Fleisch mit Salz und Basilikum von innen und außen einreiben. Speck würfeln und in heißem Öl anbraten. Zwiebelwürfel darin glasig dünsten. Geschälte, gehackte Kastanien und eingeweichte Rosinen dazugeben. Gut dünsten. Geflügelleber fein hacken und mit anbraten, ebenso die blättrig geschnittenen Champignons. Die Masse erkalten lassen. Brötchen in etwas Fleischbrühe einweichen und zu der Lebermasse geben. Eigelb und Sahne unterrühren. Salzen und pfeffern. Diese Masse in die Ente füllen. Zunähen. Ente in heißer Butter anbraten. Mit Fleischbrühe ablöschen. 50 Minuten schmoren.

Für die Soße das zerkleinerte Knochengerüst in heißem Fett anbraten. Mit Fleischbrühe ablöschen. 30 Minuten kochen lassen. Herz, Magen und Leber der Ente dazugeben. Kochen, bis der Sud schön braun ist. Durchsieben. Mit Sahne und Rotwein binden.

Tip: Die Ente wie einen Rollbraten aufschneiden und mit Stangenweißbrot servieren.

Gefüllte Wildente mit Portweinsoße

100 g Kurpflaumen,
300 g Äpfel,
Salz, Pfeffer,
Estragon,
Rosmarin,
2 Wildenten,
2 Eßl. Butter,
½ l Fleischbrühe;
für die Soße:
75 g durchwachsener Speck,
1 Zwiebel,
⅛ l Portwein,
Saft von 2 Orangen,
50 g Rosinen,
50 g gemahlene Mandeln,
⅛ l saure Sahne,
1 Eßl. Preiselbeeren,
Petersilie,
Salz, Pfeffer;
zum Garnieren:
250 g blaue Weintrauben,
1 Eßl. Butter,
Petersilie.

Kurpflaumen über Nacht einweichen. Trockentupfen und halbieren. Äpfel schälen, vierteln, entkernen und in sehr dünne Scheiben schneiden. Halbierte Pflaumen dazugeben. Mit Salz, Pfeffer, Estragon und Rosmarin würzen. Die Enten damit füllen und zustecken. Enten mit Salz und Pfeffer einreiben und in heißer Butter anbraten. Mit Brühe ablöschen, und die Enten garschmoren. Herausnehmen und warm stellen.

Für die Soße gewürfelten Speck ausbraten. Gehackte Zwiebel darin glasig dünsten. Mit Portwein, Orangensaft und Bratenfond ablöschen. Mandeln und Rosinen zufügen. Soße aufkochen lassen. Saure Sahne, Preiselbeeren und gehackte Petersilie in die Soße rühren. Mit Salz und Pfeffer abschmecken. Weintrauben halbieren, entkernen und in heißer Butter andünsten. Enten halbieren, mit Weintrauben und Petersilie garnieren. Die Soße getrennt dazu reichen.

Gefüllte Wildente

1Wildente,
Salz,
500 g feste Äpfel,
1 Eßl. Butter,
½ Tasse Weißwein,
1 Teel. Zucker,
2 Nelken,
6 Eßl. Mandelblättchen,
1 Teel. Zimt,
Pfeffer,
2 Teel. gerebelter Majoran,
2 Eßl. Rosinen,
1 Eßl. Weinbrand,
1 Teel. Honig.

Ente waschen, trockentupfen, innen und außen mit Salz einreiben. Äpfel schälen, entkernen, würfeln und in heißer Butter mit Wein, Zucker und Nelken kurz dünsten. Mit Mandeln und Gewürzen gemischt in die Ente füllen. Die Ente mit Butterflöckchen belegen, in einen Bratbeutel geben und bei 200°C etwa 60 Minuten im Backofen garen. Ente aus dem Bratbeutel nehmen, mit Honig bepinseln und noch 10–15 Minuten bräunen lassen.

Tip: Gut geeignet für die Füllung ist auch eine Mischung aus 2 Äpfeln, 2 Apfelsinen, 50 g Rosinen, Mandeln und etwas Thymian.

Überbackene Wildente

500 g gebratene Wildente,
20 g getrocknete Pilze,
1 Eßl. gehackte Petersilie,
Salz,
Pfeffer,
2 Zwiebeln,
300 g Reis,
Salzwasser,
80 g geriebener Käse,
¼ l saure Sahne.

Entenfleisch in Würfel schneiden. Pilze 2 Stunden in Wasser einweichen und dann darin 5 Minuten kochen. Reis in Salzwasser 15 Minuten garen. Fleisch, Pilze, gehackte Zwiebeln und Petersilie mischen. Die Hälfte Reis in eine gebutterte Auflaufform schichten, Pilz-Fleischmischung darauf verteilen, mit restlichem Reis bedecken. Mit Käse bestreuen. Sahne darübergießen. Im Backofen bei 180°C etwa 45 Minuten überbacken, bis die Oberfläche braun ist.

Wildtaube

Taubensuppe

3–4 Wildtauben,
2 l Wasser,
Salz,
1 Brühwüfel,
2 kleine Zwiebeln,
1 Stange Porree,
3 Scheiben Sellerie;
für die Einlage:
gekochte Fadennudeln,
Eierstich,
Petersilie,
Maggi.

Tauben mit allen übrigen Zutaten im Schnellkochtopf 25–30 Minuten kochen (je nach Alter der Tauben). Fleisch herausnehmen und in mundgerechte Stücke schneiden. Suppe durchsieben. Fleisch, Nudeln, Eierstich und gehackte Petersilie hineingeben. Pikant mit Maggi abschmecken.

Chinesische Taubensuppe

2 Tauben,
Chinagewürz,
Salz,
Pfeffer,
2 Zwiebeln,
Butter,
1 l Fleischbrühe,
2 Stangen Porree,
125 g Reis.

Tauben mit Salz und Chinagewürz einreiben. In heißer Butter anbraten. Zwiebeln in Ringe schneiden und mitandünsten. Mit Brühe ablöschen. 1½ Stunden kochen lassen. 20 Minuten vor Garende den in Ringe geschnittenen Porree und den Reis in die Suppe geben. Nochmal mit Salz, Pfeffer und Chinagewürz abschmecken. Tauben aus der Suppe nehmen, Fleisch in kleine Würfel schneiden und wieder in die Suppe geben.

Tauben-Kraftbrühe

2–3 Tauben,
30 g Butter,
100 g Zwiebeln,
100 g Sellerie,
100 g Möhren,
2 Nelken,
4 Wacholderbeeren,
1 Lorbeerblatt,
500 g Kalbsknochen,
200 g geräucherter Bauchspeck,
2 l Fleischbrühe,
Salz,
Muskat,
1 Glas Madeira,
1 Gläschen Kognak.

Gewürfelte Zwiebeln in heißer Butter andünsten. Zerkleinertes Gemüse und geviertelte Tauben dazugeben und anbraten. Gewürze, Bauchspeck, Kalbsknochen und Brühe zufügen. 2 Stunden kochen lassen. Brühe durchsieben. Taubenfleisch von den Knochen lösen und kleinschneiden. In etwas Madeira erhitzen und auf Suppentassen verteilen. Mit heißer Taubenbrühe aufgießen. Mit Kognak abschmecken.

Tip: Garnieren Sie die Suppe mit blättrig geschnittenen Champignons.

Tauben in Currysoße

4 Tauben,
Salz,
Bratfett,
¾ l Fleischbrühe,
2 Zwiebeln,
1–2 Äpfel,
1 Teel. Curry,
2 Teel. Speisestärke,
⅛ l saure Sahne.

Tauben halbieren, mit Salz einreiben und in heißem Fett von allen Seiten anbraten. Brühe dazugeben und im geschlossenen Topf garen. Zwiebeln würfelig schneiden, in heißem Fett anbraten. Apfelstücke, ⅜ l Taubenbrühe und Curry dazugeben. 15 Minuten bei schwacher Hitze kochen lassen. Dann durch ein Sieb gießen. Sahne mit Speisestärke verrühren und die Soße damit binden. Abschmecken. Tauben in Viertel teilen und diese kurz in der Soße ziehen lassen.

Gefüllte Tauben in Armagnacsoße

4 Tauben,
Salz,
2 alte Brötchen,
etwas Milch,
2 Eier,
100 g feingewürfelter fetter Räucherspeck,
1 Eßl. gehackte Petersilie,
je 1 Prise Rosmarin,

Tauben innen und außen mit Salz einreiben. Die in Milch eingeweichten Brötchen mit Eiern, Speckwürfeln, Petersilie, Rosmarin, Thymian und Estragon sowie den im Fleischwolf zerkleinerten Taubenherzen und -lebern verkneten. Mit Salz, Pfeffer und Muskat abschmecken. Die Tauben damit füllen und zunähen. Unter mehrmaligem Begießen im Backofen bei 220°C in 30 Minuten garen.

Thymian und gehackter Estragon,
Salz,
Pfeffer,
geriebene Muskatnuß,
¼ l Fleischbrühe,
20 g Butter,
⅛ l Sahne,
4 cl Armagnac.

Den Bratenfond mit Fleischbrühe loskochen. Butter dazugeben. Eventuell mit etwas Speisestärke andicken. Mit Sahne verfeinern und mit Armagnac abschmecken. Die Soße über die Tauben gießen und so servieren.

Gefüllte Tauben mit Johannisbeeren

4 Tauben,
Salz,
Pfeffer,
Paprikapulver edelsüß,
350 g Hackfleisch,
1 kleine Dose Pfifferlinge,
1 Ei,
1 Bund Petersilie,
Schale von 1 Zitrone,
100 g durchwachsener Speck,
30 g Butter,
2 Gläschen Kirschwasser,
⅛ l Fleischbrühe,
250 g Johannisbeeren,
1 Schuß Weißwein,
Zucker,
⅛ l süße Sahne.

Tauben von innen und außen mit Salz, Pfeffer und Paprikapulver einreiben. Für die Füllung Hackfleisch mit Pilzen, Ei, gehackter Petersilie, Salz, Pfeffer, Paprikapulver und abgeriebener Zitronenschale verkneten. In die Tauben füllen. Zustecken. Tauben mit Speckscheiben umwickeln. In heißer Butter anbraten. Mit Kirschwasser übergießen und flambieren. Mit heißer Fleischbrühe ablöschen. 200 g Johannisbeeren zufügen. Das Ganze 45 Minuten schmoren lassen. Tauben herausnehmen. Die Soße mit restlichen Johannisbeeren und Wein verfeinern. Leicht geschlagene Sahne unterheben. Tauben halbieren und mit der Soße servieren.

Überbackene Taubenbrust

8 Taubenbrüste,
Bratfett,
1 Dose Austernpilze,
2 Becher saure Sahne (oder Crême fraîche),
Salz,
Pfeffer,
Paprikapulver edelsüß,
100 g geriebener Käse (zum Beispiel Emmentaler).

Taubenbrüste von den Knochen lösen und in heißem Fett anbraten. Dann in eine gefettete Auflaufform legen. Pilze darüber verteilen. Saure Sahne mit Salz, Pfeffer, Paprikapulver und Käse verrühren. Über die Pilze gießen. Bei 200°C etwa 20 Minuten überbacken.

Tip: Servieren Sie dazu Reis und Chicoréesalat.

Taubengeschnetzeltes

4 Taubenbrüste,
1 dicker Apfel
(zum Beispiel Boskop),
1 Zwiebel,
Salz,
Pfeffer,
Curry,
⅛ l süße Sahne,
⅛ l Weißwein,
3 Eßl. Öl.

Taubenbrust von den Knochen lösen, Fleisch in Würfel schneiden. Apfel schälen, entkernen und wie die Zwiebel fein würfeln. Taubenfleisch in heißem Öl anbraten, Apfel und Zwiebel dazugeben. Glasig werden lassen. Mit Wein ablöschen. Mit Salz, Pfeffer und Curry würzen. Bei schwacher Hitze 10–15 Minuten schmoren lassen. Zuletzt die Sahne unterrühren.

Tip: Servieren Sie dazu Reis und grünen Salat.

Taubenfrikassee

2 Tauben,
¾ l Wasser,
Salz,
1 Bund Suppengrün;
für die Soße:
50 g Butter,
125 g Champignons,
½ lTaubenbrühe,
¼ l süße Sahne,
3 Eßl. Speisestärke,
1 Eigelb,
Salz,
Pfeffer,
1 Dose Spargel-
abschnitte.

Die Tauben in Salzwasser mit Suppengrün 60–90 Minuten kochen. Herausnehmen und das Fleisch in Würfel schneiden. Für die Soße Champignons in heißer Butter andünsten. Mit Taubenbrühe aufkochen. Sahne mit Speisestärke und Eigelb verrühren und die Soße damit binden. Salzen und pfeffern. Taubenfleisch und Spargel dazugeben. Kurz durchkochen lassen.

Tip: Servieren Sie das Frikassee in Pasteten gefüllt.

Portugiesisches Taubenragout

4–6 Tauben,
2 Knoblauchzehen,
Salz,
Pfeffer,
Kräuter der Provence,
Paprikapulver edelsüß,
250 g Zwiebeln,
Öl,
1 l Fleischbrühe,
500 g Tomaten,
1 Glas Oliven,
1 Becher saure Sahne.

Tauben halbieren und mit den Gewürzen einreiben. In heißem Öl anbraten. Zwiebeln in Ringe schneiden und mitandünsten. Mit Fleischbrühe ablöschen. 1½Stunden schmoren. Abgezogene, geachtelte Tomaten und Oliven erst kurz vor Garende ins Ragout geben. Mit saurer Sahne binden.

Querfeldein – Diverse Wildgerichte

Wildsuppe „Chasseur"

500 g Wildfleisch (zum Beispiel Reh, Hirsch oder Wildschwein),
150 g durchwachsener Speck,
1 Stange Porree,
2 Möhren,
1 Stück Sellerieknolle,
1 Petersilienwurzel,
1 Lorbeerblatt,
2 Nelken,
4 Pfefferkörner,
1 Eßl. Mehl,
1 Glas trockener Rotwein,
2 Eßl. Preiselbeerkonfitüre,
Salz,
Pfeffer,
Tabasco,
250 g Champignons,
1 Eßl. Butter,
⅛ l süße Sahne,
1 Eßl. gehackte Petersilie.

Speck in Würfel schneiden und ausbraten. Fleisch und Suppengemüse dazugeben. Kräftig anbraten. Mit Wasser aufgießen. Lorbeerblatt, Nelken und Pfefferkörner zufügen. 1 Stunde kochen lassen. Durch ein Sieb gießen. Suppe mit Mehl andicken. Mit Wein, Preiselbeerkonfitüre, Salz, Pfeffer und Tabasco abschmecken. Pilze in heißer Butter andünsten und in die Suppe geben. Auf Tassen verteilen, einen Klecks geschlagene Sahne obenauf setzen und mit gehackter Petersilie bestreuen.

Tip: Diese herzhafte Supe ist auch für Parties zu empfehlen.

Jägersuppe „Tante Emilie"

2 Zwiebeln,
60 g Speck,
1 kleine Dose Pfifferlinge,
250 g Wildbratenreste,
½ l Wildbratensoße,
½ l heißes Wasser,
1 Eßl. Senf,
1 Teel. Honig,
2 Eßl. Rotwein,
Salz,
Wildgewürz,
100 g geschlagene süße Sahne,
½ Teel. Thymianblättchen.

Gewürfelte Zwiebeln in gewürfeltem Speck glasig dünsten. Pfifferlinge und Fleisch mitanbraten. Mit Bratensoße und Wasser ablöschen. Mit Senf, Honig, Rotwein, Salz und Wildgewürz abschmekken. Gut durchkochen lassen. Die Suppe in Tassen füllen. Sahnetupfen daraufsetzen und mit Thymian garnieren.

Tip: Diese schnelle Suppe ist ideal für die Resteverwertung.

Wildsuppe mit Mais

1,5 kg Wildfleisch (ohne Knochen),
¾ l Rotwein,
6 Eßl. Weinessig,
1 Teel. Kerbel,
1 Teel. Thymian,
1 Lorbeerblatt,
1 Teel. Salz,
5 Zwiebeln,
4 Knoblauchzehen,
125 g Butter,
1 kg Tomaten,
½ Teel. Paprikapulver rosenscharf,
5 l Wasser,
2 Brühwürfel,
1 Teel. Fondor,
2 Dosen Mais,
2 Gläser eingelegte rote Paprikastreifen,
⅛ l Madeira,
Speisestärke,
¼ l süße Sahne.

Das Wildfleisch mit Rotwein, Essig, Kerbel, Thymian, Lorbeerblatt, Salz und Pfeffer zugedeckt 3 Tage marinieren. Fleisch aus der Marinade nehmen, trockentupfen und mit gehackten Zwiebeln und zerdrücktem Knoblauch gut anbraten. Wasser, Brühwürfel, Salz, Paprikapulver, Fondor und pürierte Tomaten dazugeben. 45 Minuten kochen lassen. Dann Madeira, Mais und Paprikastreifen zufügen und die Suppe garkochen. Speisestärke mit Sahne anrühren und die Suppe damit binden.

Tip: Diese Menge reicht für 20 Personen. Sie können die Suppe sehr gut auf Vorrat kochen und einfrieren. Sie wird dann erst nach dem Auftauen gebunden.

Wildrahmsuppe

1 Eßl. Öl,
50 g fetter Speck,
750 g Wildfleisch mit Knochen (Hals, Rippenstück),
1 Bund Suppengrün,
1 Zwiebel,
Salz,
Pfeffer,
3 Wacholderbeeren,
3 Pimentkörner,
1 Lorbeerblatt,
1 l Wasser,
150 g Crème fraîche (oder süße Sahne),
1 Glas Rotwein,
1 Eßl. Johannisbeergelee,
etwas Speisestärke.

Speck würfeln und in heißem Öl ausbraten. Fleisch und Knochen darin anbraten. Zerkleinertes Suppengrün und gehackte Zwiebel mitandünsten. Wasser und Gewürze zufügen. 1½ Stunden kochen lassen. Brühe durch ein Sieb gießen und aufkochen. Crème fraîche, Rotwein und Johannisbeergelee unterrühren.

Abschmecken. Die Suppe mit angerührter Speisestärke andicken. Fleisch von den Knochen lösen, in Würfel schneiden und in die Suppe geben.

Wildcremesuppe mit Pilzen

125 g Zwiebeln,
1 Bund Suppengrün,
1 kg Wildabfälle,
4 Eßl. Öl,
1 Lorbeerblatt,
8 Pfefferkörner,
Salz,
1¼ l Wasser,
10 g getrocknete Steinpilze,
⅛ l warmes Wasser,
20 g Butter,
2 Eßl. Mehl,
100 g Wildbratenreste,
100 g Sahne,
frisch gemahlener Pfeffer,
einige Tropfen Madeirawürze,
1 Eßl. feingehackte Petersilie.

Gehackte Zwiebeln und zerkleinertes Suppengrün in Öl andünsten. Wildabfälle dazugeben. Kräftig anbraten. Lorbeerblatt, Pfefferkörner und Salz dazugeben. Mit Wasser aufgießen. 2½–3 Stunden bei schwacher Hitze kochen lassen. Steinpilze in lauwarmem Wasser einweichen.

Nach dem Kochen die Wildbrühe durch ein Sieb gießen. Einweichwasser der Pilze ebenfalls dadurch gießen. Steinpilze in Butter andünsten; mit Mehl bestäuben und dunkel anschwitzen. Mit Wildbrühe und Pilzwasser aufgießen. Gut durchkochen lassen. Wildbratenreste in kleine Würfel schneiden und dazugeben. Sahne in die Suppe rühren. Mit Salz, Pfeffer und Madeirawürze abschmecken. Mit Petersilie bestreut servieren.

Wildsuppe nach Omas Art

Je 125 g Zwiebeln,
Möhren und Sellerie,
40 g durchwachsener Speck,
20 g Bratfett,
375 g Wildgulasch,
1 Eßl. getrocknete Pilze,
1¼ l Fleischbrühe,
Salz,
1 Lorbeerblatt,
25 g Mehl,
⅛ l saure Sahne,
2 Eßl. Tomatenketchup,
Zucker,
Pfeffer.

Zwiebeln, Gemüse und Speck fein würfeln. Speck in heißem Fett ausbraten. Fleisch darin kräftig anbraten. Zwiebeln darin glasig dünsten. Gemüse und Pilze zufügen. Kurz mitdünsten. Mit Brühe ablöschen. Gewürze zufügen. Die Suppe 60 Minuten kochen lassen. Mit Mehl und Sahne binden. Mit Tomatenketchup, Zucker, Salz und Pfeffer abschmecken.

Wildsuppe mit Klößchen

500 g Wildgulasch,
Salz,
Pfeffer,
100 g durchwachsener Speck,
1 Zwiebel,
1½ l Fleischbrühe,
1 Lorbeerblatt,
5 Pfefferkörner,
3 Wacholderbeeren,
375 g Rosenkohl,
125 g Pfifferlinge,
etwas Madeira;
für die Klößchen:
¼ l Wasser,
2 Eßl. Butter,
Salz,
125 g Mehl,
2 Eier,
Muskat,
Salzwasser.

Fleisch salzen und pfeffern. In ausgebratenen Speckwürfeln ringsum anbraten. Zwiebelringe mitandünsten. Mit Fleischbrühe ablöschen. Gewürze zufügen. Bei schwacher Hitze 45 Minuten garen. Rosenkohl und Pfifferlinge in die Suppe geben. Noch 15 Minuten garen. Mit Salz und Madeira abschmecken.

Für die Klößchen Wasser mit Butter und Salz aufkochen. Mehl einrühren, bis sich der Kloß vom Topfboden löst. Von der Platte nehmen und 1 Ei in den Teig rühren. Abkühlen lassen. Dann das zweite Ei unterrühren. Mit Muskat würzen. Aus dem Teig Klößchen abstechen und in aufgekochtem Salzwasser bei schwacher Hitze 10 Minuten ziehen lassen. Klößchen in die Suppe geben.

Wildsalat Baden-Baden

500 g Wildbratenreste,
100 g gewürfelte Äpfel,
100 g Mandarinen,
100 g geviertelte Weintrauben;
für die Soße:
2 Eßl. Mayonnaise,
1 Eßl. Kognak.

Fleisch würfeln und mit dem Obst mischen. Die Zutaten für die Soße verrühren und unter den Salat heben. Gut durchziehen lassen.

Wildsalat Wingertsberg

250 g gebratenes Wildfleisch,
1 Dose Pfifferlinge,
4 Birnenhälften,
1 Tasse Ananasstücke,
2 Eßl. grobgehackte Walnüsse,
1 Becher Dickmilch,
1 Gläschen Weinbrand,
2 Eßl. Sherry,
Saft von ½ Zitrone,
Salz,
Zucker,
Pfeffer,
1 Eßl. gehackte Petersilie.

Wildfleisch in Streifen schneiden. Abgetropfte Pfifferlinge mit etwas Zitronensaft beträufeln. Birnenhälften in Stücke schneiden. Wild, Pfifferlinge, Ananas, Birnen und Walnüsse vermischen. Dickmilch mit Sherry, Weinbrand, restlichem Zitronensaft, Salz, Pfeffer und Zucker verrühren, abschmecken. Die Soße über den Wildsalat geben. Mit Petersilie bestreut servieren.

Wildsalat mit Bananen

500 g gegartes Wildfleisch,
500 g Senfgurken,
1 Birne,
2 Bananen,
Essig,
Öl,
Salz,
Pfeffer,
Paprikapulver,
Curry,
Preiselbeersaft,
200 g Mayonnaise.

Wildfleisch, Senfgurken und Birne in Streifen, Banane in Scheiben schneiden. Essig-Öl-Marinade bereiten; mit den Gewürzen und Preiselbeersaft pikant abschmecken. Die Salatzutaten darin ziehenlassen. Zum Schluß die Mayonnaise unterheben; nochmals abschmecken.

Tip: Salat bergartig auf einer runden Platte anrichten und eventuell mit Preiselbeeren garnieren.

Wildsalat mit Birnen

250 g Wildbratenreste,
2 Apfelsinen,
3 Birnen;
für die Mayonnaise:
1 Eigelb,
Salz,
⅛ l Öl,
1–2 Eßl. Zitronensaft,
1 Teel. Senf,
Zucker,
Pfeffer,
abgeriebene Schale von ½ Apfelsine.

Wildbratenreste in kleine Würfel schneiden. Apfelsinen und Birnen schälen, letztere entkernen. Obst in feine Scheibchen schneiden und mit dem Fleisch mischen. Die Zutaten für die Mayonnaise verrühren und unter den Salat heben. Gut durchziehen lassen.

Tip: Statt Apfelsinen und Birnen passen auch 100 g blaue Weintrauben, 1 Apfel und 200 g Mandarinen in den Salat.

Wildsalat mit Himbeeren

500 g Wildbratenreste,
8 halbe Pfirsiche,
500 g Himbeeren,
1 Gläschen Kognak,
Saft von 1 Zitrone,
4 Eßl. Mandeln,
20 g Butter;
für die Soße:
200 g Joghurt (oder steifgeschlagene Sahne),
Zitronensaft,
Salz,
Zucker,
Paprikapulver.

Wildfleisch in Würfel, Pfirsiche in Spalten schneiden. Pfirsiche mit Himbeeren in Kognak und Zitronensaft durchziehen lassen. Dann das Fleisch dazugeben. Mandeln in heißer Butter anrösten und mit dem Salat mischen. Die Zutaten für die Soße verrühren und unter den Salat heben.

Wildsalat mit Pfirsichen

500 g Wildbratenreste (Reh, Hase oder Fasan),
1 kleine Dose Pfirsiche;
für die Soße:
1 Becher Crème fraîche,
1 Becher Joghurt,
Saft von 1 Zitrone,
Zucker,
Salz, Pfeffer,
ganz etwas Tabasco.

Wildfleisch würfeln und mit den in Spalten oder Würfeln geschnittenen Pfirsichen mischen. Die Zutaten für die Soße verrühren und diese unter den Salat heben. Gut gekühlt servieren.

Wildsalat mit Pilzen und Orangen

750 g Wildbraten,
2 Dosen Pfifferlinge (oder je 1 Dose Pfifferlinge und Champignons),
4 Orangen;
für die Soße:
6 Eßl. Tomatenketchup,
4 Eßl. Öl,
½ Glas Preiselbeerkompott,
1 Schuß Weinessig,
Salz,
Pfeffer.

Fleisch in Würfel schneiden. Mit abgetropften Pilzen und Orangenstückchen mischen. Die Zutaten für die Soße verrühren und unter den Salat heben. Gut durchziehen lassen.

Wildsalat „Halali"

400 g Wildbratenreste,
1 Fleischtomate (200 g),
300 g Staudensellerie,
1 grüne Paprikaschote (200 g),
125 g Mayonnaise,
3 Eßl. Crème fraîche,
2 Eßl. Sherry,
Salz,
Pfeffer,
einige Spritzer Worcestersoße.

Wildbratenreste in Würfel schneiden. Fleischtomate vierteln. Staudensellerie und die halbierte, von Kernen und Trennwänden befreite Paprikaschote in feine Streifen schneiden. Mayonnaise, Crème fraîche und Sherry verquirlen; kräftig mit Salz, Pfeffer und Worcestersoße abschmecken. Die Salatsoße unter die übrigen Zutaten geben.

Tip: Dieser Salat kann auch mit Rinderbraten statt Wildfleisch zubereitet werden.

Pikanter Wildsalat

300–400 g Wildbratenreste,
100 g Senfgurken,
100 g Tomatenpaprika,
50 g gefüllte Oliven;
für die Soße:
50 g Mayonnaise,
50 g saure Sahne,
1 Spritzer Tabasco,
etwas scharfer Senf,
Salz, Pfeffer,
1 Prise Zucker.

Wildbraten, Gurken und Tomatenpaprika in feine Würfel schneiden, Oliven in dünne Scheiben. Alles miteinander mischen. Die Zutaten für die Soße verrühren und unter den Salat heben. 30 Minuten durchziehen lassen.

Wildsalat mit Honigmelone und Ananas

1 Honigmelone,
750 g gekochtes Wildfleisch,
1 kleine Dose Ananas,
1 kleine Dose Sojasprossen,
1 Kopf Salat;
für die Soße:
⅛ l Sahne,
etwas Mayonnaise,
Salz,
Pfeffer,
Zucker,
1 Prise Ingwer,
1 Teel. Curry,
50 g gehackte Nüsse;
zum Garnieren:
1 Stange Porree.

Melone halbieren, entkernen und aus dem Fleisch kleine Kugeln ausstechen. Wildfleisch in Würfel schneiden. Beides mit Ananasstücken und Sojasprossen mischen. Den Salat auf Salatblättern anrichten. Die Zutaten für die Soße verrühren. Pikant abschmecken. Die Soße über den Salat gießen. Mit feinen Porreeringen garnieren.

Wildsalat mit Porree und Pilzen

300 g gekochtes Wildfleisch (zum Beispiel Reste von Hirsch-, Reh- oder Damwildbraten),
100 g gekochter Schinken,
300 g Porree,
3 Eßl. Silberzwiebeln (aus dem Glas),
200 g Pfifferlinge (aus der Dose),
für die Marinade:
6 Eßl. Weinessig,
2 Eßl. scharfer Senf,
3 Eß. Preiselbeerkonfitüre,
5 Eßl. Öl,
Salz,
Pfeffer.

Wildfleisch und Schinken in Würfel, rohen Porree in feine Ringe schneiden. Alles mit Pfifferlingen und Silberzwiebeln mischen. Die Zutaten für die Marinade verrühren. Unter den Salat heben. 1 Stunde durchziehen lassen.

Tip: Gut sieht es aus, wenn Sie den Salat auf grünen Salatblättern anrichten.

Wildgeflügel-Leberragout mit Ananas

500 g Wildgeflügelleber,
40 g Butter,
etwas Pfeffer,
4 cl Sherry,
4 Scheiben Ananas,
½ Teel. Salz,
1 Messerspitze Ingwerpulver.

Leber in Würfel schneiden. In heißer Butter 3 Minuten braten. Dabei häufig wenden. Dann mit Pfeffer bestreuen und mit Sherry beträufeln. Zugedeckt bei mittlerer Hitze 8 Minuten dünsten. Abgetropfte Ananasscheiben in Stücke schneiden und zur Leber geben. Eventuell etwas Ananassaft zufügen. Das Ragout mit Salz und Ingwerpulver abschmecken.

Tip: Servieren Sie das Ragout mit Reis.

Teutonenreis

500 g Wildfleisch,
Bratfett,
2 Tassen Reis,
5–6 Tassen Fleischbrühe,
200 g Pilze,
2 Tassen Erbsen,
4 Eßl. Tomatenmark,
Salz,
Paprikapulver,
1 Bund Petersilie,
50 g Butter,
50 g Parmesankäse.

Wild in kleine Würfel schneiden und in heißem Fett anbraten. Reis zufügen und kurz rösten. Mit Fleischbrühe ablöschen. Blättrig geschnittene Pilze, Erbsen, Tomatenmark, Salz, Paprikapulver und gehackte Petersilie dazugeben. 15–20 Minuten kochen und dann noch etwas garziehen lassen. Mit einer Gabel lockern. Butter und Käse unterheben.

Wildeintopf

500 g Wildfleisch,
100 g durchwachsener Speck,
200 g feingewürfelte Zwiebeln,
400 g Pilze,
300 g Kartoffeln,
150 g Möhren,
150 g Sellerie,
20 g Fett,
½ Teel. Salz,
Pfeffer,
¼ l Flesichbrühe,
Petersilie.

Fleisch in grobe, Speck in feine Würfel schneiden. Kartoffeln, Möhren und Sellerie putzen und in Scheiben schneiden. Speck in heißem Fett ausbraten. Fleisch darin kräftig anbraten. Zwiebeln zufügen und glasig dünsten. Salzen und pfeffern. Pilze und Gemüse dazugeben. Würzen. Mit Brühe ablöschen. Zugedeckt 1 Stunde garen lassen. Mit Petersilie bestreut servieren.

Wahlburger Wildhappen

250 g Wildbratenreste,
4 Scheiben Sellerie (aus der Dose),
2 Eßl. Preiselbeerkompott,
1 Eßl. geriebener Meerrettich,
1 Eßl. Schnittlauchröllchen,
2 Eßl. Mayonnaise,
1 Teel. Kognak,
½ Teel. Wildgewürz.

Wildfleisch in Würfel schneiden und auf den abgetropften Selleriescheiben anrichten. Preiselbeeren mit den übrigen Zutaten vermischen und auf dem Wildfleisch verteilen.

Wild-Hackbraten

600 g Wildfleisch,
400 g Leber,
250 g Speck,
2 Brötchen,
¼ l Milch,
1 Zwiebel,
2 Eier,
1 Gläschen Kognak,
Salz,
Pfeffer,
2 Teel. Paprikapulver,
Piment,
1 Teel. Majoran,
¼ Teel. Thymian.

Die Hälfte des Fleisches und die Leber durch den Fleischwolf drehen. Restliches Fleisch und Speck fein würfeln. Alles mit eingeweichten Brötchen, gehackter Zwiebel, Eiern und den Gewürzen zu einem glatten Teig verkneten. Den Hackteig in eine mit Schmalz ausgefettete Rehrückenform füllen. Bei 210°C etwa 1½ Stunden im Backofen garen.

Wildgulasch in Thymian-Sahnesoße

500 g Wildfleisch,
50 g durchwachsener Speck,
125 g Zwiebeln,
1 Bund Suppengrün,
¼ l Fleischbrühe,
1 Lorbeerblatt,
10 Wacholderbeeren,
1 Teel. Thymian,
Salz,
Pfeffer,

Speck würfeln und ausbraten. Fleisch in Würfel schneiden und darin anbraten. Gehackte Zwiebeln und zerkleinertes Suppengrün dazugeben und mitandünsten. Mit Fleischbrühe ablöschen und würzen. 1 Stunde schmoren lassen. Dann Preiselbeerkompott in die Soße geben. Mit Senf abschmecken. Speisestärke mit Sahne verrühren und das Gulasch damit andicken.

1–2 Eßl. Preiselbeerkompott,
Senf,
1 Becher saure Sahne,
Speisestärke.

Wildgulasch Windsor

750 g Wildfleisch,
30 g Fett,
⅛ l Rotwein,
2 Wacholderbeeren,
1 Lorbeerblatt,
4 Pfefferkörner,
Thymian,
Salz,
Paprikapulver,
2 Eßl. Tomatenketchup,
1 Prise Muskat,
Worcestersoße,
⅛ l süße Sahne,
2 Eßl. Johannisbeergelee,
1 Eßl. Zitronensaft,
1 kleine Dose Champignons,
etwas Speisestärke.

Fleisch in Würfel schneiden und in heißem Fett 10 Minuten von allen Seiten anbraten. Mit Rotwein ablöschen. Gewürze und Saft von den Champignons dazugeben. Das Gulasch je nach Fleischart 60–80 Minuten schmoren.

Sahne, Johannisbeergelee, Zitronensaft und Champignons unterrühren. Kurz durchziehen lassen. Mit etwas angerührter Speisestärke andicken.

Tip: Statt mit Champignons können Sie das Gulasch auch mit Pfifferlingen zubereiten. Die Zutaten sehen dann so aus: 750 g Wildfleisch, 1 Gläschen Kognak, ½ Glas Rotwein (in Rotwein und Kognak wird das Fleisch mariniert), 60 g Bratfett, 1 Zwiebel, 2 Teel. Salz, ½ Teel. Pfeffer, je ½ Teel. Thymian und Paprikapulver, ½ l Brühe, 350 g Pfifferlinge, 1 Teel. Speisestärke, 2 Eßl. Sahne.

Jagdschüssel

800 g Kartoffeln,
Salzwasser,
2 Zwiebeln,
600 g Wildfleisch,
¼ l Fleischbrühe,
90 g Butter,
1 Lorbeerblatt,
2 Gewürznelken,
Salz,
Pfeffer,
⅛–¼ l Milch,
1 säuerlicher Apfel.

Kartoffeln in Salzwasser garkochen. Zwiebeln in Ringe, Fleisch in Würfel schneiden. In 50 g heißer Butter Fleisch und Zwiebeln anbraten. Mit Brühe ablöschen. Würzen. 20–30 Minuten schmoren lassen.

Kartoffeln zerstampfen, mit 20 g Butter und Milch zu Brei verrühren. Apfel schälen, das Kerngehäuse ausstechen und das Fruchtfleisch in Ringe schneiden. Eine Lage Wildragout in eine feuerfeste Form geben, etwas Kartoffelbrei darüber verteilen, mit Wildragout bedecken, darauf die Apfelringe legen. Schichten wiederholen. Die letzte

Schicht ist Kartoffelbrei. Den Auflauf mit 20 g flüssiger Butter beträufeln und bei 200°C etwa 20 Minuten überbacken.

Wildpudding

750 g Wildbraten,
60 g Paniermehl,
5 Eßl. Wasser,
1 kleines Glas Sardellen,
5 Eier,
Salz,
Pfeffer,
Paprikapulver,
150 g durchwachsener Speck,
50 g geriebener Käse,
1 Eßl. gehackte Kräuter (Zitronenmelisse, Thymian, Majoran, Salbei, Rosmarin, Petersilie),
Cumberlandsoße.

Wildbraten durch den Fleischwolf drehen. Mit eingeweichtem Paniermehl, kleingehackten Sardellen, feingewürfelten Zwiebeln, Eiern, Salz, Pfeffer, Paprikapulver, gewürfeltem Speck, Käse und Kräutern zu einem glatten Teig verkneten. Den Teig in eine gefettete und mit Paniermehl ausgestreute Form füllen. 1 Stunde im Wasserbad garen. Erkalten lassen. Pudding in Scheiben geschnitten mit Cumberlandsoße servieren.

Tip: Dazu gibt's gebuttertes Toastbrot und einen Salat (zum Beispiel Chinakohlsalat).

Wildauflauf

500 g Wildreste,
Zwiebeln,
Speck,
Petersilie,
Zitrone,
Salz,
Pfeffer,
Thymian,
Kartoffelbrei,
Sauerkraut (oder Tomaten),
Käse,
Butter.

Beliebige Wildreste werden mit Zwiebeln durch den Fleischwolf gedreht. In eine ausgefettete feuerfeste Form eine Schicht Kartoffelbrei geben, darauf abgetropftes weichgedämpftes Sauerkraut (oder Tomatenscheiben). Wildbretpüree mit Speckwürfelchen, gehackter Petersilie und etwas abgeriebener Zitronenschale mischen; würzen. Diesen Teig auf das Sauerkraut geben; darauf wieder Sauerkraut und Kartoffelbrei schichten. Den Auflauf dick mit geriebenem Käse bestreuen und mit zerlassener Butter beträufeln. Bei 220°C in 30–40 Minuten goldbraun backen.

Tip: Mit Salaten und einer würzigen Soße servieren.

Wildterrine

500 g Wildfleisch (Reh, Hirsch),
2 Eßl. Öl,
2 mittelgroße Zwiebeln,
2 Scheiben Toastbrot,
1 Glas Wacholderschnaps,
2 Eier,
2 frische Bratwürstchen,
2 Eßl. gehackte Pistazien,
Salz,
Pfeffer,
zerstoßene Wacholderbeeren,
Thymian,
gemahlener Koriander,
2 cl Rotwein,
etwas Butter,
2 Lorbeerblätter,
Wacholderbeeren.

Wildfleisch mit den in Scheiben geschnittenen Zwiebeln in Öl anbraten. Etwas abkühlen lassen. ¼ des Fleisches in schöne Streifen schneiden. Den Rest zusammen mit dem in Wacholderschnaps eingeweichten Toastbrot und den Zwiebeln durch den Fleischwolf drehen. Mit Eiern, Bratwurstbrät und Pistazien vermischen, würzen. Die zurückbehaltenen Fleischstreifen salzen, mit Wacholderbeeren spicken, mit Rotwein übergießen. Ablaufenden Wein in den Fleischteig einarbeiten. Eine Terrine mit etwas Butter auspinseln, Fleischteig und Fleischstreifen lagenweise einschichten. Mit Lorbeerblättern und Wacholderbeeren garnieren. Die Terrine bei 200°C im Backofen 60–80 Minuten garen.

Tip: Dazu Waldorfsalat und Cumberlandsoße servieren.

Wildpastete „Balduin"

20 g durchwachsener Speck,
1 Eßl. Öl,
500 g Wildgulasch,
1 Zwiebel,
Salz,
Pfeffer,
1 Prise Zucker,
je ¼ Teel. Thymian und Majoran,
1 Gläschen Marsalawein,
je ¼ l Fleischbrühe und Roséwein,
1 rote Paprikaschote,
⅛ l saure Sahne,
10 g Mehl,
6 Blätterteigpasteten,
Petersilie.

Den Speck in feine Streifen schneiden und in Öl ausbraten. Fleischwürfel darin anbraten. Zwiebel würfelig schneiden und dazugeben. Mit Salz, Pfeffer, Zucker, Thymian uind Majoran würzen. Marsalawein, Brühe und Rotwein zugießen. 45 Minuten garen. Die Paprikaschote in feine Streifen schneiden und in den letzten 10 Minuten mitgaren. Sahne mit Mehl verrühren und das Wildragout damit binden. Mit Salz und Pfeffer abschmecken. Die Pasteten 10 Minuten im Backofen erhitzen. Mit Wildragout füllen und mit gehackter Petersilie bestreut servieren.

Tip: Sie können das Wildragout auch auf getoastetem Brot anrichten.

Wildpastetchen

300 g tiefgefrorener Blätterteig,
500 g Wildfleisch,
100 g Butter,
250 g Chamnpignons,
Saft von 2 Orangen,
Salz,
Pfeffer,
Thymian,
Majoran,
5 Eßl. süße Sahne,
1 Gläschen Kognak,
1 Bund Petersilie,
1 Eßl. Milch,
2 Eigelb.

Blätterteig auftauen lassen. Wild durch den Fleischwolf drehen und in heißer Butter anbraten. Champignons kleinschneiden und mit Orangensaft und den Gewürzen zum Wild geben. Solange garen, bis die Flüssigkeit eingekocht ist. Mit Kognak flambieren. Abkühlen lassen. Dann Sahne und gehackte Petersilie unterheben.

Blätterteig ausrollen und in 4 gleichgroße Stücke zerteilen. Auf jedes Stück 2 Eßl. von der Wildfüllung geben. Teigstücke zusammenklappen. Ränder gut festdrücken. Milch mit Eigelb verquirlen. Teigtaschen damit bepinseln. Pasteten auf ein kalt abgespültes Backblech legen und 15 Minuten ruhen lassen. Bei 200°C etwa 15–20 Minuten backen. Heiß servieren.

Försters Pastetchen

250 g Wildfleisch,
50 g magerer Speck,
20 g Butter,
2 Eßl. Zwiebelwürfel,
¼ l Brühe,
1 Eßl. Tomatenmark,
100 g Pfifferlinge,
1 Eßl. Speisestärke,
Salz,
Pfeffer,
Rotwein,
4 Blätterteigpasteten.

Speck würfeln und in heißer Butter ausbraten. Fleisch in Würfel schneiden und darin anbraten. Zwiebeln zufügen und mitdünsten. Brühe angießen und das Ganze garschmoren. Tomatenmark und Pilze dazugeben. Das Ragout mit angerührter Speisestärke binden und mit Salz, Pfeffer und Rotwein abschmecken. Pasteten bei 200°C im Backofen erwärmen und mit dem heißen Ragout füllen.

Jägerbrötchen

4 Brötchen,
40 g Butter,
200 g Wildragout,
200 g Pfifferlinge,
1 Becher Crème fraîche,
etwas Kümmel,
1 Eigelb,
gemischte Kräuter,
Salz, Pfeffer.

Von den Brötchen das Obere abschneiden und das Innere aushöhlen. Mit Butter bestreichen. Wildragout mit Pfifferlingen erhitzen und in die Brötchen füllen. Crème fraîche mit Eigelb, Kümmel und gehackten Kräutern verrühren, mit Salz und Pfeffer abschmecken. Auf die gefüllten Brötchen verteilen. Im Backofen bei 180°C etwa 10 Minuten überbacken.

Jägerfondue

2 Hasenrückenfilets,
400 g Rehfleisch,
400 g Wildschweinbauch,
200 g Champignons,
1 rote und 1 grüne Paprikaschote,
4 kleine Zwiebeln,
8 kleine Tomaten,
Salz,
Pfeffer,
Öl oder Pflanzenfett;
für die Preiselbeersoße:
1 Becher (200 g) Sahne,
1 Päckchen Sahnesteif,
weißer Pfeffer,
4 Eßl. Preiselbeerkonfitüre,
2 Eßl. Obestessig,
4 cl Weinbrand;
für die Pfeffersoße:
1 Tasse Mayonnaise,
1 Becher Joghurt,
Saft von ½ Zitrone,
4 Eßl. grüne Pfefferkörner,
2 cl Weinbrand,
2 Eßl. Johannisbeergelee,
2 Eßl. feingehackte Petersilie,
2 Eßl. Schnittlauchröllchen;
außerdem:
1 Tasse geriebene Erdnüsse,
1 Tasse Kräuterbutter,
1 Tasse feingehackte Essiggurken,
1 Tasse gehackte Kräuter,
Weißbrot,
Bauernbrot.

Das Fleisch und Gemüse in mundgerechte Stücke zerteilen und portionsweise in heißem Fett garen. Salzen und pfeffern. Die Zutaten für die beiden Soßen verrühren. Zum Fondue servieren, ebenso Erdnüsse, Kräuterbutter, Essiggurken, Kräuter und Brot.

Jagdfondue „Hubertus"

750 g Wildfleisch (Hase, Reh, Hirsch, Wildschwein
oder gemischtes Wildgulasch),
Buttermilch- oder Rotweinbeize,
Salz,
Pfeffer,
250 g durchwachsener Räucherspeck,
2 saure Äpfel,
Öl für den Fonduetopf.

Das Fleisch einen Tag in Beize legen. Dann gut abtrocknen, in mundgerechte Würfel schneiden, salzen und pfeffern. Äpfel schälen, entkernen und in Würfel schneiden. Abwechselnd Wildfleisch, Speckscheibchen und Apfelwürfel auf einen Spieß stecken und in heißem Öl garen.

Tip: Dazu Cumberland- oder Apfel-Meerrettichsoße servieren. Zu empfehlen ist auch folgende Soße: 1 Tasse Remouladensoße mit 1 Tasse saurer Sahne, 1 Teel. Essig, 1 Teel. Senf, Pfeffer, 2 Eßl. Johannisbeergelee und 1 Likörglas Wacholderschnaps oder Kognak verrühren und eiskalt zum Fondue servieren.

Omelett mit Wildragoutfüllung

8 Eier,
½ Teel. Salz,
4 Eßl. Milch,
2 Eßl. Öl,
für die Füllung:
400 g gegartes Wildfleisch,
50 g durchwachsener Speck,
1 Zwiebel,
100 g Champignons,
2 kleine Gewürzgurken,
¼ l angedickte Bratensoße,
3 Eßl. süße Sahne,
1 Prise Pfeffer,
etwas Rotwein.

Eier mit Milch und Salz verquirlen. Daraus in heißem Öl 4 Omeletts backen.

Speck fein würfeln, ausbraten und darin die gehackte Zwiebel glasig dünsten. In Würfel geschnittenes Fleisch dazugeben und anbraten. Champignons und kleingeschnittene Gurken unterrühren. Bratensoße mit Sahne, Rotwein und Pfeffer abschmecken und unter das Ragout rühren. Das Ragout auf die Omeletts verteilen.

Jägertoast „Halali"

4 Scheiben Toastbrot,
200 g Wildgeflügelleber,
1 Stange Staudensellerie,
2 Möhren,

Leber fein hacken. Möhren und Staudensellerie putzen und in kleine Stücke schneiden. Beides mit Zwiebel in 25 g Butter andünsten. Leber darin 5 Minuten mitdünsten, sobald die Möhren weich werden. Anschließend Salz, Pfeffer und Wein zufügen. Das Ganze noch 8 Minuten garen.

1 feingehackte Zwiebel,
50 g Butter,
1 Glas Wein,
Salz,
Pfeffer,
Petersilie.

Toastbrot in einer zweiten Pfanne in der restlichen Butter anrösten. Die Lebermasse darauf verteilen. Mit gehackter Petersilie bestreut servieren.

Tip: Da die Wildgeflügelleber sehr klein ist, „streckt" man sie mit Hühnerleber (zum Beispiel 2 Fasanenlebern und 1 Hühnerleber, 4 Rebhuhnlebern und 2 Hühnerlebern).

Schlemmertoast „Waidmannsheil"

4 Scheiben Toastbrot,
40 g Butter,
200–300 g Wildbratenreste,
Preiselbeeren,
4 Birnenhälften;
für die Soße:
3 Eigelb,
3 Eßl. heißes Wasser,
Saft von ½ Zitrone,
Salz,
Pfeffer,
Worcestersoße,
150 g Butter.

Für die Soße Eigelb mit Wasser, Zitronensaft, Salz und Pfeffer im Wasserbad dickschaumig schlagen. Flüssige Butter langsam unterrühren. Mit Worcestersoße abschmecken.

Brot toasten, mit Butter bestreichen und mit erwärmtem Wildbraten belegen. Soße und Preiselbeeren darauf verteilen. Dazu mit Preiselbeeren gefüllte Birnen reichen.

Schnepfendreck

Eingeweide von 1 Schnepfe,
1 Zwiebel,
Petersilie,
40 g Butter,
Salz,
Pfeffer,
Toastbrot.

Die Schnepfe so frisch wie möglich aushakeln. Die Eingeweide (ohne Magen!) fein hacken. Mit gewürfelter Zwiebel und gehackter Petersilie mischen. In 20 g heißer Butter 5 Minuten braten. Mit Salz und Pfeffer abschmecken. Diese Masse auf getoastete und gebutterte Brotscheiben streichen und im Backofen oder Grill kurz überbacken.

Tip: Verfeinern können Sie den Schnepfendreck, indem Sie die gehackten Eingeweide zusätzlich mit Speckwürfeln, gehackter Hühnerleber, etwas Weiß- oder Rotwein, 1 Eßl. Paniermehl, 1 Eßl. Zitronensaft und 1 Eigelb mischen.

Resteverwertung

Reste von Wildbraten und Rotkohl,
6–10 Scheiben Weißbrot,
Butter,
Bratensoße,
Kartoffelbrei,
geriebener Käse.

Weißbrot in Butter anrösten und in eine gefettete Auflaufform legen. Darauf den Rotkohlrest geben, darüber das in Scheiben geschnittene Fleisch und die erwärmte Bratensoße. Mit frisch gekochtem Kartoffelbrei abdecken. Mit Käse bestreuen. Butterflöckchen daraufsetzen. Den Auflauf bei 200°C 15 Minuten im Backofen garen. Sofort servieren.

Pikante Soßen und Beilagen

Preiselbeer-Meerrettichsoße

6 Eßl. Preiselbeeren,
3 Eßl. Meerrettich,
2 Eßl. Crème fraîche,
2 Eßl. Kognak,
1 Prise Salz.

Die Zutaten gut verrühren.

Tip: Diese Soße paßt gut zu kalten Wildgerichten.

Preiselbeer-Orangenmark

500 g Preiselbeeren,
500 g Gelierzucker,
Saft und Schale
von 1 Orange.

Preiselbeeren verlesen, waschen und abtropfen lassen. Mit Gelierzucker, Orangensaft und -schale im Mixer 8–10 Minuten schlagen. Kurz erhitzen. In Gläser füllen und verschließen.

Tip: Diese Soße ist zu Rehsteaks, Reh- und Hasenrücken zu empfehlen. Mit Kognak verrührt paßt sie auch zum Fondue.

Zwiebel-Preiselbeersoße

100g Perlzwiebeln,
200 g Preiselbeeren,
2 Eßl. scharfer Senf,
1 Eßl. Öl.

Perlzwiebeln sehr fein hacken. Öl mit Senf verrühren. Zwiebeln und Preiselbeeren dazugeben. Gut verrühren. 1 Stunde durchziehen lassen.

Preiselbeersoße

400 g Mayonnaise,
¾ l Sahne,
250 g gewürfelte Zwiebeln,
5 zerdrückte Knoblauchzehen,
400 g Preiselbeeren,
3 Eßl. gehackte Petersilie,
3 Eßl. Senf,
Muskat,
Salz,
Pfeffer,
Cayennepfeffer.

Alle Zutaten gut miteinander verrühren. Die Soße einen Tag kühl stellen und durchziehen lassen.

Tip: Diese Soße paßt zu Wildfleisch und -salat.

Apfel-Preiselbeersoße

500 g geschälte und entkernte Äpfel,
15 g Butter,
2 Eßl. Zucker,
⅛ l Weißwein,
1 Stück Ingwer in Sirup,
1 Eßl. Senf,
1 Eßl. Tomatenketchup,
4 Eßl. Preiselbeeren,
1 Prise Salz,
⅛ l süße Sahne.

Butter erhitzen. Zucker zufügen. Kleingeschnittene Äpfel darin andünsten. Mit Wein gardünsten. Apfelkompott durch ein Sieb streichen. Feingehackten Ingwer dazugeben. Pürierte Preiselbeeren, Senf und Ketchup unter die Soße rühren. Mit Salz abschmecken. Soße erhitzen. Dann die Sahne unterrühren.

Tip: Diese Soße paßt gut zu kaltem Wildfleisch.

Calvados-Soße

1 Apfel (Boskoop),
2 Eßl. Öl,
¼ l Rotwein,
2–3 Eßl. Calvados,
Salz,
Pfeffer,
4 Eßl. Sahne.

Äpfel schälen, halbieren, entkernen und in feine Scheibchen schneiden. In heißem Öl andünsten. Mit Rotwein ablöschen. Zu Mus kochen. Mit Calvados, Salz und Pfeffer würzen. Erkalten lassen. Die Sahne steifschlagen und kurz vor dem Servieren unter die Soße rühren.

Tip: Diese Soße ist vor allem zu Rehmedaillons zu empfehlen.

Cumberlandsoße

200 g rote Johannisbeeren,
1 Eßl. abgeriebene Orangenschale,
Saft von 2 Orangen und 1 Zitrone,
⅛ l Rotwein,
250 g Zucker,
10 g frischer Ingwer,
1 Knoblauchzehe,
je 1 Teel. Senfkörner und Pfefferkörner,
50 g Preiselbeerkonfitüre,
½ Teel. Salz.

Johannisbeeren mit Orangenschale, Rotwein, Zitronen- und Orangensaft in einen Topf geben. Geschälten Ingwer und Knoblauch zerdrücken; Pfeffer- und Senfkörner mahlen. Zucker, sämtliche Gewürze und Preiselbeerkonfitüre zu den Johannisbeeren geben. Das Ganze unter Rühren zum Kochen bringen und 30 Minuten bei schwacher Hitze kochen lassen. Dabei ab und zu umrühren. Die fertige Soße durch ein Sieb streichen, in Gläser füllen und verschließen. Mindestens eine Woche durchziehen lassen.

Cumberland-Weinschaumsoße

3 Eigelb,
100 g Butter,
¼ l Rotwein,
abgeriebene Schale von ½ Zitrone und ½ Orange,
100 g Johannisbeergelee,
je 1 Prise Ingwer und Cayennepfeffer,
etwas Orangensaft.

Eigelb im Wasserbad dickschaumig schlagen. Butter flöckchenweise unterrühren. Die übrigen Zutaten verrühren und unter die etwas abgekühlte Eimasse mischen.

Cumberlandchutney

500 g rote Johannisbeeren (entstielt gewogen),
500 g Zucker,.
⅛ l Rotwein,
1½ Eßl. Senf,
1 Teel. Ingwerpulver,
½ Teel. Zimt,
je 1 Prise gemahlene Nelken, Pfeffer und Salz, 7 Eßl. flüssiges Geliermittel.

Johannisbeeren mit Rotwein, Zucker und Gewürzen zum Kochen bringen. 15 Minuten kochen lassen. Geliermittel einrühren und kurz aufwallen lassen.

Orangensoße

2 Eßl. Orangenmarmelade,
¼ l Weißwein,
abgeriebene Schale von ½ Zitrone,
1 Gläschen Kognak,
1 Zweig Thymian.

Alle Zutaten mischen und unter Rühren erhitzen. Die Soße warm oder kalt servieren.

Tip: Verfeinern Sie die Soße mit gewürfelten Aprikosen.

Orangensoße mit Preiselbeeren

200 g Orangenmarmelade,
1 Glas Madeira,
1 Schuß Rotwein,
Zitronensaft,
½ Teel. Senf,
50 g Preiselbeeren.

Die Zutaten miteinander verrühren und erhitzen.

Wilder Sauerrahm

50 g Doppelrahmfrischkäse,
Saft von 1 Zitrone,
½ Eßl. Essig,
¼ l süße Sahne.

Die Zutaten gut verrühren. Den Rahm zugedeckt bei Zimmertemperatur 8–10 Stunden stehenlassen.

Tip: Verwenden Sie diesen Rahm zum Verfeinern von Wildgerichten und -soßen.

Försterinnensoße

150 g Pfifferlinge,
1 Eßl. Butter,
30 g durchwachsener Speck,
1 Zwiebel,
50 g Mehl,
½ l Fleischbrühe,
Pfeffer,
Paprikapulver,
1 Prise Zucker,
Salz,
2–3 Eßl. saure Sahne,
Sherry.

Pilze in heißer Butter und ausgelassenen Speckwürfeln anbraten. Pilze herausnehmen und in dem Fett die gewürfelte Zwiebel glasig dünsten. Mit Mehl bestäuben und anrösten. Mit Brühe ablöschen. Aufkochen lassen. Mit Gewürzen, saurer Sahne und Sherry abschmecken. Pfifferlinge in die Soße geben.

Tip: Diese herzhafte Soße paßt nicht nur zu Wild, sondern auch zu Reis und Nudeln.

Jägersoße

1 Tasse Remouladensoße,
1 Tasse saure Sahne,
1 Teel. Essig,
1 Teel. Senf,
Pfeffer,
2 Eßl. Johannisbeergelee,
1 Gläschen Kognak.

Alle Zutaten gut verrühren. Die Soße eiskalt servieren.

Tip: Zum Wildfondue ist diese Soße besonders zu empfehlen.

Wild-Hackfleischsoße

250 g Wildhackfleisch,
2 Eßl. Öl,
2 Zwiebeln,
1 Eßl. Mehl,
3 Eßl. Tomatenmark,
¼ l Fleischbrühe,
Salz,
Pfeffer,
Paprikapulver,
Tomatenketchup.

Zwiebeln würfeln und in heißem Öl glasig dünsten. Hackfleisch mit Mehl bestäubt dazugeben und anbraten. Tomatenmark und Brühe zugießen. 8 Minuten schmoren lassen. Mit Salz, Pfeffer, Paprikapulver und Tomatenketchup abschmecken.

Kastanienpüree

500 g Eßkastanien,
½ Sellerieknolle,
½ l Fleischbrühe,
1 Eßl. Zucker,
Salz,
Pfeffer,
Muskat,
1 Eßl. Butter,
3 Eßl. süße Sahne.

Kastanien kreuzweise einschneiden und bei 200°C im Backofen 30 Minuten rösten. Sofort schälen. Sellerieknolle putzen und kleinschneiden. Kastanien und Sellerie in heißer Brühe 30 Minuten kochen. Im Mixer pürieren (oder durch ein Sieb streichen). Mit Zucker, Salz, Pfeffer und Muskat herzhaft abschmecken. Butter und Sahne unterheben. Das Püree gut durchschlagen.

Tip: Sie können das Püree auch so herstellen: 750 g geschälte Eßkastanien mit 2 Tassen Milch weichkochen, durch ein Sieb streichen, 3–5 Eßl. zerlassene Butter unterrühren und mit 1 Teel. Zucker abschmecken. Eventuell noch etwas Milch zugeben.

Brombeerchutney

1 kg Brombeeren,
½ l Rotweinessig,
500 g Zucker,
1 Stück Ingwerwurzel,
1 Stück Zimtstange,
1 Teel. Gewürznelken.

Essig mit Zucker und Gewürzen aufkochen. Die Hälfte der Brombeeren dazugeben und 5 Minuten schwach kochen lassen. Brombeeren aus dem Sud nehmen und in Gläser füllen. Die restlichen Brombeeren 10 Minuten in dem Sud garen, bis sie zerkocht sind. Das Ganze über die Früchte gießen, so daß diese ganz bedeckt sind. Gläser sofort verschließen.

Würzpflaumen

2 kg reife Pflaumen,
1 kg Zucker,
½ l Rotweinessig,
1 Stück Zimtstange,
3 Nelken,
je 6 leicht zerdrückte Pimentkörner und Wacholderbeeren,
½ l Rotwein.

Pflaumen abreiben und mit einem Holzspießchen mehrfach einstechen. Essig mit Zucker und Gewürzen aufkochen. Pflaumen portionsweise darin aufkochen. Die Früchte in einen Steinguttopf füllen. Essigsud mit Rotwein 5–8 Minuten kochen lassen und heiß über die Pflaumen gießen. Abkühlen lassen und Topf verschließen. Kühl lagern. Je länger die Pflaumen duchziehen, desto besser.

Ingwer-Birnen

3 große Birnen,
½ l Weißwein,
¼ l Wasser,
50 g Zucker,
½ Stange Zimt,
Zitronenschale,
125 g süße Sahne,
20 g Ingwer in Sirup.

Birnen schälen, halbieren, entkernen. Wein mit Wasser, Zimtstange und Zitronenschale aufkochen. Birnen darin 20 Minuten garen. Herausnehmen, abtropfen und erkalten lassen. Sahne steifschlagen. Mit feingeraspeltem Ingwer würzen. Die Sahne in die Birnenhälften füllen.

Tip: Diese Birnen schmecken besonders gut zu Reh- und Wildschweinbraten.

Teufelsbirnen

1 kg Birnen,
500 g Preiselbeeren,
Saft von 1–2 Zitronen,
750 g Zucker,
1 l weißer Rum
(54 Prozent).

Die geschälten, halbierten und entkernten Birnen mit Zitronensaft beträufeln. Die abgetropften Stücke mit Zucker bestreuen und 30 Minuten ziehen lassen. Mit Preiselbeeren schichtweise in einen Steintopf füllen. Alkohol zugießen. Topf verschließen und kühl aufbewahren.

Süß-saure Schlehen

1 kg Schlehen,
¼ l Weinessig,
½ l Wasser,
500 g Zucker,
1 Stück Zimtstange,
2 Gewürznelken.

Weinessig mit Wasser und Zucker aufkochen. Schlehen und Gewürze zufügen. Bei schwacher Hitze garkochen. Schlehen herausnehmen und abtropfen lassen. Den Sud einkochen lassen und dann über die Schlehen gießen. Diesen Vorgang wiederholen, bis der Saft dick-ölig ist.

Ebereschen-Herrenkompott

2,5 kg Ebereschen,
1 kg saure Äpfel,
½kg Birnen,
1 Eßl. Zimt,
1 Teel. Nelken,
2 kg Zucker,
0,1 l Birnengeist.

Ebereschen mit Birnen- und Apfelstücken in Wasser weichkochen. Zucker, Zimt und Nelken dazugeben. Nach dem Erkalten den Birnengeist unterrühren.

Kürbis mit Ingwer

5 kg Kürbis,
2 kg Zucker,
1 l Weinessig,
12 Stücke Ingwer,
10 Gewürznelken.

Kürbis schälen, vierteln, entkernen und in Stücke schneiden. Mit Zucker bestreut 24 Stunden stehen lassen. Zwischendurch umrühren. Essig mit Ingwer und Nelken aufkochen. Kürbis dazugeben. Nur noch ziehen lassen, nicht kochen. Wenn der Kürbis goldgelb ist, herausnehmen. Den Sud um die Hälfte einkochen. Kürbis in Gläser füllen. Mit heißem Sud begießen und sofort verschließen.

Champagnerkraut

2 Zwiebeln,
3 Äpfel,
60 g Butter,
500 g Sauerkraut,
1 kleine Dose Ananas,
⅛ l Wasser,
¼ l Sekt (oder Wein),
6–8 Wacholderbeeren.

Zwiebeln würfeln. Äpfel schälen, vierteln, entkernen und ebenfalls in Würfel schneiden. Beides in Butter andünsten. Abgetropfte Ananasstücke und das zerzupfte Sauerkraut mit Wasser und ⅛ l Sekt (oder Wein) sowie den Wacholderbeeren dazugeben. 20 Minuten kochen lassen. Zwischendurch den restlichen Sekt (oder Wein) dazugießen.

Kürbischutney

1 kg Kürbis,
250 g Zwiebeln,
150 g säuerliche Äpfel,
6 cl Apfelessig,
300 g Zucker,
Salz,
1 Teel. Ingwer,
etwas Pfeffer;
für den Sud:
1 l Wasser,
0,2 l Weinessig,
30 g Salz.

Kürbis schälen, entkernen und in kleine Stücke schneiden. Die Zutaten für den Sud aufkochen, über den Kürbis gießen und 24 Stunden zugedeckt stehen lassen. Flüssigkeit abgießen. Äpfel schälen, halbieren und entkernen. Zusammen mit den gehackten Zwiebeln zum Kürbis geben und pürieren. Zucker, Salz, Ingwer, Pfeffer, Obstessig und Sud dazugeben. Bei schwacher Hitze 30 Minuten kochen lassen.

Rezeptregister

Rezeptregister

Notizen

Notizen

Notizen

Notizen